U0944216

本书出版受到国家自然科学基金重点项目（编号：71832004）、国家自然科学基金面上项目（编号：72072184）、教育部人文社会科学研究青年基金项目（编号：20YJC630224）、中南财经政法大学中央高校基本科研业务费专项资金项目（编号：2722020JCT027）以及收入分配与现代财政学科创新引智基地（编号：B20084）的资助

中南财经政法大学公共管理文库

组织中信任与合作

赵君 著

中国社会科学出版社

图书在版编目（CIP）数据

组织中信任与合作／赵君著．—北京：中国社会科学出版社，2020.12

（中南财经政法大学公共管理文库）

ISBN 978－7－5203－7684－6

Ⅰ.①组… Ⅱ.①赵… Ⅲ.①社会组织管理—研究 Ⅳ.①C916

中国版本图书馆 CIP 数据核字（2020）第 264226 号

出 版 人　赵剑英
责任编辑　田　文
责任校对　张爱华
责任印制　王　超

出　　版　中国社会科学出版社
社　　址　北京鼓楼西大街甲 158 号
邮　　编　100720
网　　址　http://www.csspw.cn
发 行 部　010－84083685
门 市 部　010－84029450
经　　销　新华书店及其他书店

印　　刷　北京君升印刷有限公司
装　　订　廊坊市广阳区广增装订厂
版　　次　2020 年 12 月第 1 版
印　　次　2023 年 10 月第 3 次印刷

开　　本　710×1000　1/16
印　　张　13.25
字　　数　204 千字
定　　价　76.00 元

凡购买中国社会科学出版社图书，如有质量问题请与本社营销中心联系调换
电话：010－84083683

前　　言

随着社会、政治、经济的迅速变化，为了维持在市场上的竞争优势，越来越多的组织形成了新型的联系方式，而组织架构也逐渐趋向扁平化。一方面，各职能部门在运作过程中，不仅要发挥独立运营的能力，而且常常需要主动协调，与其他部门保持合作关系。另一方面，组织日常的有效运作，也有赖于组织与员工之间、领导与员工之间的通力合作。合作是一种为达共同目标所展现的资源共享精神，它可以最大限度地调动组织成员的才智，从而使组织、领导与员工等各方产生一股强大而持久的力量。考虑到组织内部职能部门以及上下级之间的合作关系愈加紧密，相互依存性也随之增加，因此信任在组织内部合作上扮演了越来越重要的角色。

现实中有关跨部门合作以及员工对组织的满意度并不尽如人意，诸多原因导致合作障碍或满意度下滑，这其中很重要的一个原因就是组织内部缺乏信任。跨部门信任的不足，可能导致研发部门把握不准新产品概念、缺乏对市场的认知，而营销部门则缺乏对组织研发成果的了解和关心，导致内部研发成果的市场竞争力不高。员工对组织的信任不足，可能导致员工对组织战略和组织文化的理解不清晰，无法有效地把个人目标与组织目标相结合。当前很多组织仍处于改革转型的攻坚阶段，组织内部的信任本身就不高。长此以往，信任不足将对组织发展造成多重不可控影响。因此，本研究关注组织中信任与合作之间的关系，并将从如下四个方面展开探讨：

第一，研究回顾了组织中信任与合作的相关文献。组织中信任源于对他人的能力、善意和正直等特征的评估，或者来源于对高层决策、决策行动的感知。对于信任的维度结构，以往研究通常从特质、基础、内容、对象等不同角度进行划分。研究回顾了组织中信任的个体、领导、情境等影响因素，并梳理了组织中信任对工作态度、工作绩效、创新能力、组织公民行为、知识共享的影响。另外，合作是一个人为了帮助成员执行角色内职责，或与其他成员为了一个共同目标采取的实际行为。研究从个体、领导、情境等三个方面探讨了组织中合作的影响因素，并梳理了组织中合作对工作绩效、创新绩效、科研绩效、情绪认知的影响。

第二，研究从有限理性出发，构建了一个组织中信任与合作的进化博弈模型，运用“复制动态”机制模拟参与者的学习和调整过程，分析了不同策略组合下各博弈方的投入和收益情况，研究发现：信任与合作的关系及附带收益是很明显的，所以组织中各博弈方的最佳策略应当是加强信任、促进合作；信任可以通过反复合作实现自我强化，如果信任方的初始信任可以获得积极回报，那么这种信任就会得到强化并不断良性重复，从而建立更高水平的合作；通过进化博弈分析发现，信任存在一种动态变化，即信任程度越高，合作次数就愈多，从而呈现一种良性循环，所以应当加强制度建设和出台奖励机制，对有效的合作给予共同奖励。

第三，研究构建了跨部门信任与跨部门合作的概念，然后探讨了跨部门信任与合作之间的关系。我们采用问卷调查数据证实了跨部门信任与跨部门合作之间的联系，具体包括跨部门信任的善意对跨部门合作的目标达成度具有正向影响，而跨部门信任的能力和开放性对跨部门合作的满意度具有正向影响。由此可见，跨部门信任的能力、善意、开放性等三个维度之间既有联系又有区别。研究通过模型修正又发现跨部门信任的善意对能力和开放性具有正向影响，而目标达成度对合作满意度具有正向影响。由此可见，善意是跨部门信任的核心内涵，这与人际信任、泛化信任类似。它不仅直接影响目标达成度，还可以透过能力和开放性维度间接影响合作满意度。

第四，研究探讨了组织信任与工作满意度之间的关系，以及组织公平的调节作用。组织信任是指个人或群体成员遵守并忠诚于共同商定的承诺，而工作满意度是员工对工作环境以及工作本身的一种主观感受，它在一定程度上也能反映员工与组织的合作水平。组织信任高的员工相信组织不会牺牲员工利益，这本身也就意含对工作情境和工作本身感到满意，而组织公平可能会催化这种影响关系。本研究基于 288 名员工样本的数据分析发现，组织信任对工作满意度具有正向影响，而组织分配公平和程序公平在组织信任对工作满意度影响中具有显著三重调节作用。具体而言，当分配公平和程序公平较低时，组织信任对工作满意度的正向影响最弱。

本书部分章节已发表于《软科学》《科技进步与对策》《统计与决策（理论版）》《科技管理研究》等杂志。在此，特别感谢恩师蔡翔教授在学术上对我的悉心指点，引导我步入学术殿堂。感谢刘智强教授为研究提供的指导和帮助，您的每一个观点都让我受益匪浅。感谢刘莹、李昭瑞、王彦、何迎港等四位同学在文献搜集与整理、文本勘误和修订上提供的支持。感谢中南财经政法大学组织与人力资源管理学科团队的陈全明教授、杨红侠研究员、蒋文莉教授、陈芳教授、张广科教授、赵慧娟副教授、郭圣乾副教授、梅继霞副教授、张行副教授、喻良涛博士、李思博士一直以来对我的关怀与支持。本书出版受到国家自然科学基金重点项目（编号 71832004）、国家自然科学基金面上项目（编号 72072184）、教育部人文社会科学研究青年基金项目（编号 20YJC630224）、中南财经政法大学中央高校基本科研业务费专项资金项目（编号 2722020JCT027）、收入分配与现代财政学科创新引智基地（编号 B20084）以及中南财经政法大学公共管理系列文库的资助。

目　　录

第一章　绪论

第一节　研究背景

随着社会、政治、经济的迅速变化，为了维持在市场上的竞争优势，越来越多的组织形成了新型的联系方式，而组织架构也逐渐趋向扁平化。一方面，各职能部门在运作过程中，不仅要发挥独立运营的能力，而且常常需要主动协调，与其他部门保持合作关系。这种扁平化的组织架构促进了分支结构之间的合作，增进了部门之间的沟通交流和解决问题的效率（田增瑞、袁恬，2009）。另一方面，组织日常的有效运作，也有赖于组织与员工之间、领导与员工之间的通力合作。合作是一种为达共同目标所展现的资源共享精神，它可以最大限度地调动组织成员的才智，从而使组织、领导与员工等各方产生一股强大而持久的力量。以往主流研究认为，合作是组织成功的关键要素（刘智强、周空、倪佳豪、邵云飞，2019）。这是因为竞争会使各方将自我利益凌驾于公共利益之上，甚至可能危害到组织的正常运作。合作则因为强调整体利益就会缩小各方的利益差异，促进所有人在团队工作、信息分享上的协作，进而提升组织的效率和创新能力（Ahujag，2000）。考虑到组织内部职能部门以及上下级之间的合作关系愈加紧密，相互依存性也随之增加，因此信任在组织内部合作上扮演了越来越重要的角色。

当前研究关注于如何提高组织绩效和生产力，部门的绩效水平以及相互关系对组织业绩乃至成败具有决定性影响，而员工对组织或领导的满意程度也具有不可忽视的影响。组织内部合作有助于缩短产品创新周期、降低产品开发成本、降低环境变化带来的不确定性影响，但现实中跨部门合作以及员工对组织的满意度并不尽如人意，诸多原因导致合作障碍或满意度下滑，如信息粘滞、目标差异、沟通不畅、个人差异等，这其中很重要的一个原因就是组织内部缺乏信任。跨部门信任的不足，可能导致研发部门把握不准新产品概念、缺乏对市场的认知，而营销部门则缺乏对组织研发成果的了解和关心，导致内部研发成果的市场竞争力不高，这种跨部门信任的缺乏使得组织的健康持续发展难以为继。员工对组织的信任不足，可能导致员工对组织战略和组织文化的理解不清晰，无法有效地把个人目标与组织目标相结合。特别是在个人利益与组织利益可能存在冲突时，信任的缺乏会导致组织的利益流失以及战略失误。但令人遗憾的是，目前相关研究都不够系统，有些结果散落在相关研究之中。特别是从信任视角探讨组织内部合作的研究较为有限，这也在客观上抑制了该领域研究的继续深入。

众所周知，信任是减少组织内部摩擦的“润滑剂”，同时也是提高组织凝聚力的“胶合剂”。然而随着市场经济的不断发展，员工的人生观和价值观也随之发生变化，越来越多的组织内部出现了信任危机。根据美国《时代周刊》和 CNN 进行的一项调查，75% 的美国公民并不信任自己的政府，而且这与公务员对政府的看法颇为一致（Carnevale，1995）。换而言之，美国公务员对其任职政府的组织信任并没有想象的那么高。2005 年，中国人力资源开发网对 3000 多名在职员工进行的“中国企业内部信任度调查”显示，38% 的被调查者对企业的总体信任程度比较低，52% 的人并不认同企业的政策和制度，39% 的人对企业高层管理者持怀疑态度，50% 的人认为直接上级不值得信任（李莹，2005）。可以想象，如果组织内部长期处于缺乏信任的状态，组织将成为猜忌、恐惧和冲突的竞技场，这将严重影响组织对复杂环境的应变能力，甚至引导组织慢慢走向衰亡。当前国内很多组织仍处于改革转型的攻坚阶段，员工对组织的信任本身就不高，这在一定程度上也会加剧跨部门信任的滑坡。长此以往，信任不足将对组织发展造成多重不可控的影响，因此关注组织内部信任与合作的关系是很有必要的。

第二节　研究意义

研究探讨组织中信任与合作之间的关系，将有助于从理论上更好地指导组织提升信任水平，增进部门之间的互动以及组织与员工之间的合作，减少部门之间和人际之间的摩擦与冲突，提高组织凝聚力，改善组织绩效，从而具有重要的现实意义。

第一，研究基于博弈参与者的有限理性，通过构建组织信任的进化博弈模型，运用“复制动态”机制模拟参与人的学习与调整过程，分析了不同策略组合下各博弈方的信任与合作的条件以及影响信任的因素，并对改善信任和合作水平进行了策略分析。早在20世纪初，国外学者就开启了信任研究的先河，并指出“信任是社会中最重要的综合力量之一”（齐美尔，2002）。此后，信任在多种学科的研究中被提及（Lewichi & Bunker，1995；Worchel，1979）。近年来，国内外学者开始广泛关注信任与合作，有关这二者关系的探索逐渐深入。对于组织内部存在的各种冲突，有研究认为它们是一种良性互动，可以有效地激发主体的工作努力和工作业绩。然而也有研究认为，组织内部冲突是消极和破坏的导火索，它们不仅会阻碍组织的有效运转，甚至会使组织陷入内耗困境。研究从进化博弈视角探讨组织中信任与合作的条件及影响因素，如提高信任投入、增加合作次数、强化信任质量等。信任与否取决于双方的相互投入，如果一方能增加投入水平，也必然会引发另一方对信任的投入。另外信任水平是合作的前置因素，信任越高就必然促进理性主体选择合作策略。与此同时，信任具有积累效应，前期合作也会反过来影响信任水平，这二者相互影响螺旋上升，从而呈现出良性循环。本研究对于理解和阐释信任与合作关系具有良好的启示意义。

第二，研究界定了跨部门信任的概念，并揭示其与跨部门合作的逻辑关系。从既有文献检索来看，国内外有关组织内横向信任的研究甚少，关注跨部门信任的研究更是凤毛麟角，所以本研究首先就要解决跨部门信任的概念界定问题。我们在探讨跨部门信任的概念内涵等基本问题时，具体包括三方面的细分目标：（1）对跨部门信任的概念进行准确界定；（2）对跨部门信任的维度结构进行划分和探索；（3）编制和开发跨部门信任的测量量表。对跨部门信任的概念界定不仅是本研究应解决的首要问题，而且也为后续研究打下了良好基础。目前国内外有关信任的量表开发了不少，但一般都是人际信任和社会信任方面的量表，部分组织信任量表也是员工对组织的信任量表，很少有可借鉴的横向信任量表，而这也是有关跨部门信任实证研究的前提。另外，研究揭示了跨部门信任与合作关系的影响路径。目前涉及组织中信任与合作关系的研究零星而散乱，有的只是定性的进行阐释，没有专门从理论到实证的系统研究。跨部门信任与合作关系的影响路径到底如何，这个问题还没有得到很好的解决。因此，本研究试图在跨部门信任与合作关系的影响路径方面进行系统探讨，希望能为管理实践中就如何通过提高跨部门信任达成合作找到适当的途径和办法。研究系统地探讨跨部门信任与合作之间的关系，以便为组织管理和创新实践提供指导。

第三，研究探讨了组织信任对工作满意度的影响，以及组织公平在这二者之间扮演的调节角色。组织信任是指个人或群体成员遵守并忠诚于共同商定的承诺，不谋取任何额外利益的一种共同信念（Cummings & Bromiley，1996）。Shaw（1997）认为组织信任是组织文化的一种特征，它的作用主要体现在影响组织成功、影响团队有效性、影响组织成员合作和影响组织成员信任度四个方面。纵观国内外有关组织信任的研究，多数研究聚焦于组织信任的内涵、维度、形成机理以及影响机制。但遗憾的是，有关实证研究尚不成系统，有些结论散落在其他研究之中。相比之下，国内有关组织信任的实证研究较少，特别是组织信任如何影响工作满意度，相关研究更是少之又少。鉴于此，本研究从两方面进行深入拓展：一方面，国外相关研究关注信任与满意度之间关系的并不在少数（Driscoll，1978；Hackman & Oldham，1974；林碧华，2005；Morris，Marshall & Rainer，2002），本研究将基于中国数据再次验证组织信任对工作满意度的影响，从而进一步验证该研究结论在跨文化研究中的可靠性；另一方面，研究将基于组织公平视角探讨分配公平、程序公平对组织信任与工作满意度关系的调节作用，且重点探讨分配公平、程度公平和组织信任的三重调节效应。一般情况下，分配公平和程序公平具有相同或类似的影响（McFarlin & Sweeney，1992；张奇、朱春奎、朱湘，2009），但 Folger 和 Konovsky（1989）认为这二者可能扮演着不同的角色，其解释效力因结果变量而异。Brockner 和 Wiesenfeld（1996）也认为分配公平和程序公平的影响效应存在差异，并且这种影响可能是独立存在的，同时是具有普适性的。

第三节　研究方法

本研究所涉及的研究方法主要包括文献分析法、进化博弈分析法和问卷调查法，具体如下：

（1）文献分析法。文献分析法是指通过对收集到的某方面的文献资料进行研究，以探明研究对象的性质和状况，并从中引出自己观点的分析方法（萧浩辉，1995）。本研究主要通过中国知网、维普网、谷歌学术等数据和检索引擎搜集和阅览国内外相关文献，以便对组织中信任和合作等核心变量的内涵、维度结构、影响因素、影响效果等进行系统梳理。然后，研究通过文献分析探讨变量之间的逻辑关系以构建研究模型，为后续的实证研究提供文献支撑和理论依据。

（2）进化博弈分析法。进化博弈分析法是一种以有限理性参与人为研究对象，利用动态分析方法把影响参与人行为的各种因素纳入模型之中，然后以系统论的观点来考察群体行为的演化趋势（Smith & Price，1973）。该方法结合经济学、社会学、生态学、心理学等学科的最新成果，从有限理性的社会人出发来分析参与人的资源配置行为。鉴于此，本研究从"有限理性"出发，构建一个进化博弈模型，从而对组织中信任和合作关系的条件和影响因素进行探讨。

（3）问卷调查法。问卷调查法是一种基于某一特定样本进行信息搜集的方法，研究者希望以此为基础得出关于样本总体的定量化描述（Kaizuka & Groves，2004）。我们采用成熟量表，根据问卷调查获取的数据分析并验证研究模型中的逻辑关系。具体而言，我们将采用问卷调查法证实跨部门信任（包括能力、善意、开发性）对合作（包括目标达成度、合作满意度）的影响，以及组织信任对工作满意度的影响，并考察组织公平的调节作用。

另外，我们将采用 SPSS 以及 Amos 等统计软件作为数据处理的工具，其中 SPSS 主要用于描述性统计分析、信度分析、层次回归分析，而 Amos 主要用于效度分析、结构方程模型。下面将对这几种数据分析方法进行简单介绍：

（1）描述性统计分析（Descriptive Statistic Analysis）。描述性统计分析的目的在于分析回收样本的背景资料，得出各变量的频数分布及百分比分析，以了解基本的分布情形。同时对研究模型中的各变量计算平均值及标准差，以了解样本在这些变量各维度上的分布情况。

（2）信度分析（Reliability Analysis）。信度分析主要是检验量表在测量相关变量时，是否具有稳定性和一致性，即检验量表内部各个题项之间相符合的程度以及两次度量的结果是否具有一致性。常用的信度检验指标为 Cronbach's α 系数，Cronbach's α 系数越大，表示该变量各个题项的相关性越大，即内部一致性程度越高。

（3）效度分析（Validity Analysis）。效度是指衡量工具能够测出研究人员所要衡量事物的程度。评价量表效度的指标有多种，不同指标得出的结果说明的是效度的不同方面，主要包括内容效度（Content Validity）、结构效度（Construct Validity）、区分效度（Discriminant Validity）等。内容效度主要是用来反映量表内容切合主题的程度。检验的方法主要采用专家判断法，由相关专家就题项恰当与否从理论和现实角度进行评价。这是量表需要满足的首要效度，只有通过内容效度的量表，构建效度检验才具有理论基础。结构效度主要是用来检验量表是否可以真正测量出所要度量的变量。Spector（1992）指出，当量表的结构已确定，需要检验假定的数据结构是否合理时，验证性因子分析是最适合的方法。

（4）结构方程模型（Structure Equation Modeling）。结构方程模型（SEM）是一种基于变量的协方差矩阵来分析变量之间关系的统计方法，它有效地融合了因子分析和路径分析两大统计技术，可用于解释一个或多个自变量与因变量之间的相互关系。结构方程模型最为显著的特点是评价多维的和相互关联的关系，以及能够发现这些关系中没有察觉到的概念关系，且能够在评价的过程中解释测量误差。由于本书所涉及的变量主观性较强，并且相互关系比较复杂，因此非常适合用结构方程模型来测量。

（5）层次回归分析（Hierarchical Regression Analysis）。两个或两个以上自变量对一个因变量的数量变化关系，称为多元回归分析。若预测变量可能具有先后顺序关系，则根据研究设计，依序进行分析，则称为层次回归分析法。层次回归分析主要用于测量调节变量是否具有调节效应，其做法是先以某些自变量为控制变量，再加入新的自变量到回归模型中，以了解新加入的自变量是否会提升整个回归模型的解释力、预测力。

（6）方差分析（Analysis of Variance）。方差分析用来分别探讨各观察变量是否因为控制变量的不同而产生差异，其基本思想是通过分析研究中不同变量的变异对总变异的贡献大小，确定控制变量对研究结果影响力的大小。方差分析的主要统计方法包括 t 检验（t-test）和单因子方差分析（One-way-ANOVA），以判断控制变量对观察变量是否产生了显著的影响。

第四节　研究技术路线与章节安排

本研究将按提出问题、分析问题、解决问题的思路进行，研究的技术路线如图 1－1 所示。

研究探讨了组织中信任与合作的关系，具体而言，主要工作包括如下几个方面：

第一，介绍了研究背景，提出了研究意义，随后对研究方法以及研究技术路线与章节安排进行介绍。

第二，回顾了相关理论及研究文献，具体包括对组织中信任的内涵、维度结构、影响因素、影响效果等内容进行回顾，以及组织中合作的内涵、维度结构、影响因素、影响效果等。

第三，从博弈参与者的有限理性出发，通过构建组织中信任与合作的进化博弈模型，运用“复制动态”机制模拟参与人的学习与调整过程，分析不同策略组合下各博弈方的信任与合作的条件和影响因素，并

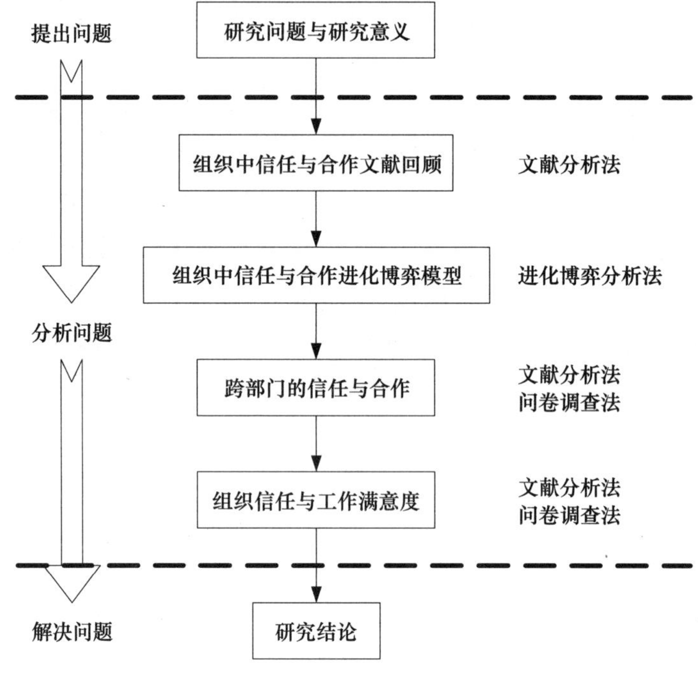

图 1－1 研究技术路线图

对改善和提高组织中信任与合作进行策略分析。

第四，基于问卷调查的数据，运用结构方程模型分析跨部门信任和合作的关系，具体包括能力、善意、开放性等三个维度对目标达成度、合作满意度的影响。另外，研究还将根据结构方程模型提供的修正指标对原模型进行完善，以及运用方差分析探讨企业统计变量和部门统计变量对跨部门信任的影响。

第五，通过员工样本分析组织信任对工作满意度的影响，以及组织公平扮演的调节角色。首先对组织信任、工作满意度、组织公平等变量进行界定，然后构建研究模型并提出研究假设，再对相关量表进行设计并进行数据采集，然后利用采集的数据进行信度分析和效度分析，最后运用相关分析、回归分析对研究假设进行验证。

第六，对主要结论进行汇总说明，然后指出既有研究存在的不足，并提出今后进一步探讨的方向。

第二章　文献回顾

研究将回顾组织中信任与合作相关理论及文献，具体包括其内涵、维度结构、影响因素、影响效果等内容。组织中信任源于对他人的能力、善意和正直等特征的评估，或者来源于对高层决策、决策行动的感知。对于信任的维度结构，根据不同的研究目的，以往研究从信任的特质、基础、内容、对象等不同角度分为多种维度结构。本研究将从个体、领导、情境等三个层面探讨组织中信任的影响因素，并梳理组织中信任对工作态度、工作绩效、创新能力、组织公民行为、知识共享的影响。再则，合作是一个人为了帮助成员执行角色内职责，或与其他成员为了一个共同目标采取的实际行为。由于合作是复杂的、多面向的，并包含情感、行为和绩效等多方面因素，所以在其维度结构上，以往研究尚未达成共识。本研究将从个体、领导、情境等三个层面探讨组织中合作的影响因素，并梳理组织中合作对工作绩效、创新绩效、科研绩效、情绪认知的影响。

第一节　组织中信任文献综述

一　组织中信任的内涵

自有人际互动以来，就存在信任问题，然而直到18世纪末才有正式的信任研究（Sabatelli，Buck & Dreyer，1893）。早期的信任研究强调它的动机和目的（Deutsch，1958），后来心理学、社会心理学研究加入，将信任定义为一种概化的人格特质（Schoorman，Mayer & Davis，2007），研究主题逐渐涉及信任产生的心理过程、机制以及相关知觉变量等（Deutsch，1960；Rotter，1967）。近期的组织中信任研究则集中于领导、组织承诺、组织公民行为、服务品质、关系营销等，相关成果显示了信任与组织绩效、知识共享与购买意愿的关系（Moorman，Deshpande & Zaltman，1993；Morgan & Hunt，1994）。信任作为各个学科重视的研究议题，在社会心理学、社会学、经济学、组织行为学等领域都有关注。表 2－1 部分总结了对组织中信任的定义。

表 2－1 **组织中信任定义**

学者	信任的定义	核心概念
Sabatelli，Buck & Dreyer（1893）	人际信任是一种认为他人会履行其口头承诺的综合性期望，只要实现他人所期望的目标，就能得到他人的信任	承诺、期望
Deutsch（1958）	认为个体对某件事的发生具有信心，是指他预期这件事会发生，并根据此预期作出相对应的行动，倘若此事不若预期发生，则此行动的坏处比预期的好处大	信心、期望
Rotter（1967）	是一种特定的信念，强度由个人在面对新情境下的反应决定，当处于不熟悉的环境时，信任所产生的影响将高过其他行为表现	信念
Luhmann（1979）	只有在潜在损失大于潜在获得的情形下，也就是交易对象背叛个体信任所造成的损失，信任在这种高风险情境中的重要性；只有信任大于个体选择信任带来的利益时，才能凸显其存在，个体才甘冒风险与他人进行交易	风险、脆弱性
Anderson & Narus（1990）	信任是一种信念，即相信伙伴的表现将对自己有利，并且不会作出不利的行为或意外的行为	信念
Gambetta（1988）	认为信任是经过算计的（Calculated）决策，是基于他人的人格特质可能是可依赖的，才与特定的人合作	理性决策、依赖性
Bromiley & Cummings（1992）	期望其他个人或团体：①愿意相信且与不管是显性或隐性的任何承诺行为一致；②不管任何协商都优先承诺诚实；③即使是有机可乘也不会得到过度的利益	期望、承诺、一致性
Madhok（1995）	信任是一种互动，成员根据伙伴行为产生预期或期望，并根据此预期完成其所知觉的义务	互动、预期
Mayer，Davis & Schoorman（1995）	信任是指施信者不论在有无能力监督或控制对方的情况下，愿意将自己暴露在容易被伤害的情况	脆弱性、风险
Lewicki & Bunker（1995）	信任是一种欲望与意图契合的感觉，此种以信仰为基础促使认同强化的活动形式，包括发展整合性的认同、创造共同目标以及承诺价值的共同分享	意图、分享

续表

学者	信任的定义	核心概念
Cummings & Bromiley（1996）	信任是一群人个别的信念或共同的信念系统。在此信念下，其他的人或团队：①会以值得信赖的作为作出与承诺一致的行为；②无论协商所形成的承诺为何，都会表达出诚意；③即使机会来临，也不愿占人便宜	一致性、诚意、忠诚
张文华（2000）	信任是一种个人主观的心理状态，对于某人或某物的某些特质或属性，或陈述的真实性具有信心或依赖，不用调查或证据就接受或相信，是属于一种正面的期待	依赖性、期望
莱恩哈德·斯普伦格（2005）	现代信任关系是以人们选择彼此合作和互信为基础。信任是理性的，不是盲目的，也非天真的表现，是一种成熟的决策	互信、理性

资料来源：本研究整理。

从上述定义可以发现，信任是对他人行为的一种正向期望，而此期望的存在具有脆弱性，施信者自身则要承担一定的风险。众多学者对信任概念的理解大致可区分为下面三个方向：一是以施信者为出发点，认为信任是一方相信另一方是诚实、可靠的，因而产生正向的期望，即信任是施信者对受信者诚实和体谅的信念，相信对方是可靠的，且认为受信者会履行应尽的交易义务；二是以受信者为出发点，强调信任的产生完全取决于对方的行为表现，即信任源自受信者采取的行为能够满足施信者的需求，而施信者又依据受信者的行为表现对其产生预期或期望；三是以施信者和受信者双向互动为出发点，认为信任的内涵包括增加施信者的风险倾向与承诺、受信者的行为不受施信者所控制和双方互动的结果，如果不利的情况大于利益，彼此之间的信任感就会消失。前述对信任概念理解的角度，一种是以单向（施信者、受信者）为出发点，另一种是以双向的互动为出发点。由于对信任理解角度的不统一，学术界对信任定义的分歧也就自然存在。因此，在研究过程中应针对不同的对象，采取适当的角度进行信任界定。

心理学认为，信任与施信者的个性特征有关，不同个性特征对信任产生的难易具有影响。在这一层面上，信任被认为和信仰、期待或感觉一样是深植于个性之中，这源于个体早期的社会心理形成。经济学认为，信任可以通过委托人以算计和风险偏好来确定，通过对合作者的违约或不诚实行为产生某种形式的制止和威慑效应而建立，类似于“理性预期”的结果。人际关系学认为，信任是一个对具体某个人或某个交往对象的特定期望，是一个人相信对方不会利用自己弱点的程度，而这种相信不以是否有能力监控对方为前提（周密、赵西萍、姚芳，2006）。然而在组织行为学领域，信任通常被认为是建立在对对方行为积极预期基础之上，施信者愿意与对方维持一种关系，并接受由于这种关系带来的风险的心理状态（Rousseaul，Sitkin，Burt & Camerer，1998）。Johnson-George 和 Swap（1982）也认为，愿意承担风险可能是在所有信任情境下都存在的共性特征之一。McAllister（1995）认为，信任是个体对他人的相信程度，并愿意基于他人的语言、行为和决定来采取行动。Mayer、Davis 和 Schoorman（1995）在同时考虑到正面期望和接受风险的意愿后，认为信任是一种心理状态，并将信任定义为“在不考虑监督与控制对方行为的能力的基础上，对于对方会采取和自己利益高度相关的特定行为的预期”。该定义并没有确切地指出信任和被信任的对象是谁，这说明信任的建立是严重依赖于情境的，不同研究对象所产生信任的内涵可能也是不一样的。

事实上，组织中信任是一种具有指向性的心理状态，它可以是对同事、上级或高管的信任（Costigan，Iiter & Berman，1998），也可以是对组织、部门或团队的一种整体知觉。这种知觉源于对组织政策、制度和文化等方面的感知（Rousseaul，Sitkin，Burt & Camerer，1998），它是员工对组织、领导及同事的心理认可，他们相信组织至少不会损害自己人的利益（宋璐璐、刘永仁，2014）。无论是对上级的信任、对同事的信任或对组织的信任，都是组织中信任的不同表现。员工对同事或上级的信任是典型的人际信任，这种信任来源于对同事或上级的能力、善意和正直等特征直接体验的评估，并产生了愿意接受脆弱性的意愿。员工对组织或团队的信任则更多来源于对高层决策、决策行动的感知（黄勇、彭纪生，2015）。

二 组织中信任的维度结构

信任是一个复杂的社会与心理现象，由于研究对象和出发点的不同，学术界对信任的维度结构一直存有争议。国内外诸多学者对信任进行了维度划分，根据不同的研究目的，组织中信任可以从特质、基础、内容、对象等不同角度分为不同的维度结构，在此我们进行了梳理和总结，如表2－2所示。

表2－2 **组织中信任的维度结构**

作者	维度结构	划分依据
Giffin（1967）	专家经验、信息可靠性、个人吸引力、名誉	特质
Deutsch（1973）	能力、动机、才干	
Rosen & Jerdee（1977）	判断、能力、群体目标	
Cook & Wall（1980）	可信的意图、能力	
Larzelere & Huston（1980）	善意、诚实	
Barber（1983）	行为一致性、能力、义务和责任感	
Hart，Capps，Cangemi & Caillouet（1986）	开放性、一致性、共有价值观、自治、反馈	
Mishra（1996）	能力、开放性、关心、可靠性	
Whitener，Brodt，Korsgarrd & Werner（1998）	行为一致性、行为正直、授权、沟通、表示关心	
McKnight & Chervany（2001）	信任倾向、结构性信任、信任信念、信任意图、信任行为	
Lewis & Wiegert（1985）	认知型信任、情感型信任、行为型信任	基础
Shapiro，Sheppard & Cheraskin（1992）	威慑型信任、了解型信任、认同型信任	
McAllister（1995）	认知型信任、情感型信任	
Lewicki & Bunker（1995）	计算型信任、了解型信任、认同型信任	
Rousseaul，Sitkin，Burt & Camerer（1998）	威慑型信任、计算型信任、关系型信任、制度型信任	
Mcknight，Cummings & Chervany（1998）	计算型信任、知识型信任、人格型信任、制度型信任、认知型信任	

续表

作者	维度结构	划分依据
Zuker（1986）	过程信任、特征信任、制度信任	内容
Doney，Cannon & Mullen（1998）	计算型信任、预测型信任、意图型信任、能力型信任、转移型信任	
Liebeskind & Oliver（2002）	过程型信任、计算型信任、价值性信任	
Nyhan & Marlowe（1997）	个人信任、系统信任	对象
Costigan，Iiter & Berman（1998）	关系信任、系统信任	
张文华（2000）	两人信任、系统信任	
Joni（2004）	个人信任、专家技能信任、结构信任	

资料来源：本研究整理。

关于组织中信任维度结构最具影响力的研究当属 Mayer、Davis 和 Schoorman（1995）提出的组织信任整合模型（如图 2－1 所示）。Mayer、Davis 和 Schoorman（1995）首次将受信者和施信者的特征区分开来，还特别强调了施信者具有的“信任倾向”（Trust Tendency），受信者则显出能力、善意、正直的被信任特质。其中，能力（Ability）是指个人或组织在某个特定领域所具有的特殊技能、人际关系能力、工作见

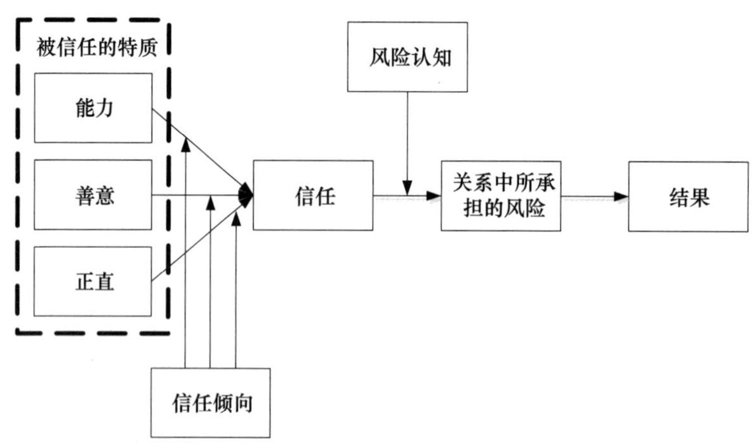

图 2－1　组织信任整合模型

识以及判断力等，若受信者具有这种专长，则意味着受信者越容易取得信任；善意（Benevolence）是指施信者相信受信者并非将利己动机作为出发点，相信受信者想要善待自己的程度；正直（Integrity）是指施信者相信受信者遵循一套施信者认可的原则的程度，受信者过去的行为一致性、信用都会影响到正直的程度。尽管 Mayer、Davis 和 Schoorman（1995）提出此模型的初衷在于更好地理解组织内部的人际信任，但经过后续研究的反复检验，此模型对于员工与组织之间的信任、上下级之间的信任、组织之间的信任同样具有很强的解释力。

Bulter（1994）历时 6 年对 84 个管理人员深度访谈完成了组织信任的量表编制工作，该量表获得了较好的再测信度。该研究认为信任的构成要素包括 11 个方面，即支持性（Availability）、能力（Competence）、一致性（Consistency）、谨慎（Discreetness）、公平（Fairness）、正直（Integrity）、忠诚（Loyalty）、开放性（Openness）、承诺是否兑现（Promise Fulfillment）、感受性（Receptivity）、整体信任（Overall Trust）等。

Martins（2002）将组织中信任从个人、人际以及制度三个层次进行分析，而信任由开放性、诚实、公平性、意图和信念等五个要素组成（如图 2－2 所示）。在文献回顾基础上，Martins（2002）把影响信任的因素分为个人因素和管理实践因素。其中，个人因素包括“大五”人

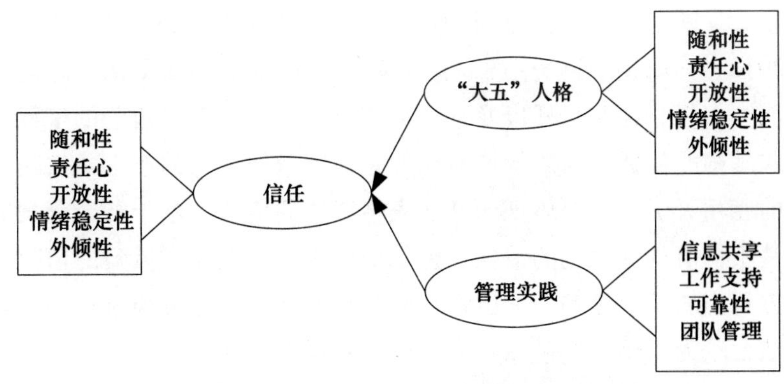

图 2－2　组织中信任影响因素模型

格，即随和性（Agreeableness）、责任心（Conscientiousness）、开放性（Openness）、情绪稳定性（Emotional Stability）、外倾性（Extraversion）等，这些个人特征被认为是可以影响上下级之间人际信任的因素。对于管理实践因素，该研究从信息共享、工作支持、可靠性、团队管理四个方面展开。

由上述文献回顾可以看出，构成组织中信任的要素分属于不同的层面，有外在行为层面的、有能力层面的、有人格层面的，还有动机层面的。这些要素有的属于施信者的特质，但大多数属于受信者的特质。

Lewis 和 Wiegert（1985）从社会学角度对信任进行了概念化，他们认为信任是多维构念，并提出了组织中信任的三种类型：认知型信任，施信者在判断受信者是否值得信任时，是一种理性的心理认知过程；情感型信任，信任包含了个人与个人之间的“情绪连带关系”（Emotional Band），信任建立是参与者之间的情感投注，真诚的表达关心与关怀，相信此关系的内在之德，并深信付出将获得回报；行为型信任，施信者依赖于受信者行动，在不确定受信者行为的情况下，施信者直接将其视为确定。

当前主流学术界也都延续这一思路，尝试从认知和情感两个层面探索组织中信任的维度结构。认知信任是基于对他人可信性与可靠性的信念，这是根据经验进行理性判断的结果，依据一定的理由相信对方的能力、正直、诚实、公正和可靠等个人特征。情感信任是基于相互的关心与照顾，反映了信任双方之间特定的情感联系（李爱梅、谭清方、杨慧琳，2012）。认知信任产生的前提是理性计算以及相互交换，其表现主要是能力信任、经验信任以及基于第三方的信任、基于角色的信任和基于正式规则的信任。与之形成对比的是情感信任，它的产生条件是人际之间的互相吸引，主要体现为基于人格特质的信任、基于社会分类的信任和基于价值观和规范的信任。由于信任实际上是在有风险的情况下对另一方行为的积极预期，而由情感所驱动的情感信任可能对这种客观风险评估会较为模糊（葛晓永、程德俊、赵曙明，2015）。

另外，也有研究发现认知信任与情感信任之间存在某种内在关联。颜士梅、陈丽哲和张钢（2013）通过对46个大学生任务团队98个样本的三时间段问卷调查发现：在团队运行过程中，情感信任会不断提升，随之认知信任和情感信任会相互促进；一旦情感信任发展到较高水平时，认知信任反倒会逐渐减弱，其重要性较情感信任会逐渐降低；在更长的合作时间之后，情感信任在人际信任中的作用会逐渐大于认知信任。

Lewicki 和 Bunker（1996）根据信任关系发展阶段提出了基于计算的信任、基于了解的信任和基于认同的信任。基于计算的信任，指信任双方在完成团队目标的基础上各自能获得一定的利益，从而在此基础上产生的信任；基于了解的信任，指由于了解并能预知对方的行为而产生的信任；基于认同的信任，指基于对对方的偏好、思想、行为模式的认同而产生的信任。

Shapiro、Sheppard 和 Cheraskin（1992）提出了组织中信任的三维结构：威慑型信任（Deterrence-based Trust），基于对惩罚的恐惧和害怕，是所有信任类型中最脆弱的，当关系被破坏时惩罚就会发生；了解型信任（Knowledge-based Trust），基于受信者的“可预测性”（Predictability），以施信者对受信者了解的信息为主，这种信息来自于彼此互动；认同型信任（Identification-based Trust），基于双方了解各自的欲望（Desire）和意图（Intention），施信者相信其利益会得到受信者的维护，不需要监督。这三种类型的信任属于同一个层面，具有循序演进的特性。

Zucker（1986）以经济结构与社会的观点，将信任分为三种维度：过程信任（Process-based），指信任的形成是以一方与另一方过去往来经验或重复交易行为而产生；特征信任（Characteristic-based），个人根据对方特质来判断相信对方与否，由于施信者感觉到自己和受信者之间具有相似社会背景而产生信任感；制度信任（Institution-based），此种信任的形成是建立在正式制度上，制度的完整性、强制性以及保证性成为信任的主要依据。尽管 Zucker（1986）探讨的是公司与顾客之间的信任，但他所划分的三维结构对组织中信任的研究同样具有参考性。

Costigan、Iiter 和 Berman（1998）发展出组织中信任的多元面向观点，他们认为信任具有认知和情感的成分，并将信任的范畴包括了组织制度、高层管理者、监督者与同事（如图2－3所示）。Costigan、Iiter和Berman（1998）将信任划分为水平方向的关系信任（Dyadic Trust）和垂直方向的系统信任（Institutional Trust），其中关系信任包含了员工对于监督者以及同事间的人际信任关系，而系统信任表示员工对高层领导的信任。无论是系统信任还是关系信任，它们一般都是基于对人的评价。尤其在中国文化情境下，领导在组织决策、资源分配、组织有效性等方面具有决定性作用，员工普遍将领导视为组织代言人，那么系统信任也多以对领导的信任为基础（孙美佳、崔勋，2013）。

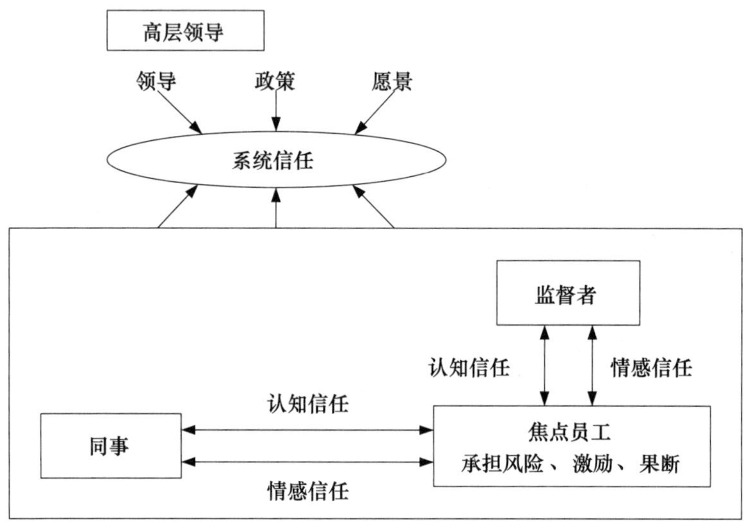

图2－3 组织中信任多元面向模型

上下级信任根据方向可以分为两种类型，即上级对下级的信任和下级对上级的信任。对于上级对下级的信任，如果从下级视角出发，称之为下级的“被信任感”。被信任感是受信者对是否获得信任、是否接受对方的依赖和是否能够自觉履行约定的主观感知和意愿（刘萃林，2012）。它反映了一种知觉，即一方愿意承受另一方行为带来的风险和代价（Baer，Dhensa-Kahlon，Colquitt，Rodell，Outlaw & Long，2015）。考虑到信任存在个体差异（Mayer，Davis & Schoorman，1995；Sabatelli，

Buck & Dreyer，1983），人们感知到的信任可能和对方的信任评价有所不同，而真正影响行为的是感知到的信任，也就是“被信任感”（马华维、王欣，2014）。

Sako 和 Helper（1998）将信任划分为能力信任（即对合作企业履行承诺能力的看法）、合同信任（即对运用合同来规制合作企业履约意愿的看法）与善意信任（即对合作企业致力于双赢而拒绝机会主义行为的看法）。马胡杰和石岿然（2016）的研究发现，能力信任、合同信任和善意信任对合约弹性均有正向影响，其中合同信任、善意信任对合约弹性起到直接作用，而能力信任起到间接作用。信任的三个维度是相互关联和层层递进的，从短期来看善意信任对合约弹性具有最强影响，但从长期来看能力信任对合约弹性的影响最为深远。

三　组织中信任的影响因素

1. 个体因素

现有研究主要从个性特征、情绪要素、认知要素、沟通方式、信任特质等方面探讨影响组织中信任的个体因素。

第一，个性特征。以往研究从个性特征视角探讨信任的影响因素，首先从“大五”人格展开，然后逐渐延伸到某些特定的个性特征。赵君（2013）基于社会交换理论和人际关系理论，通过 352 套配对样本分析了人格特质对知识共享的影响，研究发现：情绪稳定性、经验开放性、宜人性和尽责性对知识共享具有显著影响；信任在情绪稳定性、经验开放性与知识共享之间具有部分中介作用，在宜人性与知识共享之间具有完全中介作用。当员工的情绪稳定性、经验开放性和宜人性较高时，就会对组织表现出更高的信任水平，他们相信组织不会漠视自己的贡献，愿意把更多的资源投入到对组织有益的工作中，而组织成员之间更具合作和支持倾向，更愿意和别人分享知识。徐芬、李欢和马凤玲（2011）的研究表明 NEO-PI-R 与信任倾向显著相关，其中宜人性、外倾性和神经质正向影响信任倾向，顺从、热情、焦虑和诚实等具体人格特质也是影响信任倾向的重要因素。韩平、闫围和弓雅琼（2011）基于 137 名员工样本探讨了领导人格特质与员工对领导信任的影响机理，研究发现，领导的外向性和神经质对员工对领导信任具有负向影响，尽责性存在正向影响，宜人性的影响不显著，而经验开放性对员工对领导的情感信任具有负向影响，领导的组织公民行为在外向性、尽责性与员工对领导信任的关系中具有完全中介作用。侯璐璐、江琦和王焕贞（2016）以553名大学生为样本的研究发现：社会支持在真实自豪和人际信任之间起完全中介作用；拒绝敏感性对社会支持的中介作用具有调节作用，即真实自豪透过社会支持对人际信任的影响会随着个体拒绝敏感性的降低而获得增强。社会支持是来自于他人的一般或特定的可以提高个体的社会适应性，使个体免受不利环境伤害的支持性行为（Cullen，1994）。沈潘艳、万黎、方圆、夏凌翔和兰继军（2016）探讨了人际自立特质对人际信任的预测作用。人际自立特质是指利于个体解决所遇到的基本人际交往问题的人格因素，它包含人际独立、人际主动、人际责任、人际灵活和人际开放等5种独立的特质（Xia，Gao，Wang & Hollon，2014）。通过对1345名大学生样本的数据分析显示：在控制大五人格后，人际开放仍能预测人际信任倾向，并能通过人际信任倾向间接预测相关认知和行为反应；人际责任可以预测人际信任的认知与行为反应。这说明在对人际信任的预测方面，人际责任和人际开放具有大五人格所不能解释的独特作用。

第二，情绪要素。情绪是人们对客观事物的态度、体验及相应的行为反应，反映了客观事物与人的主观需要之间的关系（艾树、汤超颖，2011）。一般而言，情绪可分为积极情绪和消极情绪。何晓丽、王振宏和王克静（2011）通过实验法探讨积极情绪对人际信任影响的目标线索与情境线索依赖性，研究发现：在不相关情境和对受信者熟悉的条件下，三种情绪对人际信任的影响差异性显著，积极情绪下的投资信任和直接报告信任显著高于中性与消极情绪；在相关情境和对受信者熟悉条件下，三种情绪对人际信任的影响差异性显著，积极情绪的投资信任显著高于中性与消极情绪；在相关情境和对受信者陌生条件下，三种情绪对人际信任的影响差异性显著，积极情绪的投资信任和直接报告信任显著高于中性与消极情绪。因此，积极情绪对人际信任的影响存在受信者信息与情境线索的依赖性。李常洪、高培霞、韩瑞婧和宋志红（2014）

基于信任博弈通过诱发愤怒、悲伤两种消极情绪和中性情绪，考察不同情绪状态的个体进行陌生人初始信任判断，且这一过程是否存在对信任线索的依赖，研究显示：当社会线索指向可信时，消极情绪比中性情绪引起的信任水平低，但在社会线索指向不可信时，消极情绪和中性情绪对信任的影响并没有显著差别；悲伤和愤怒两种消极情绪之间存在差异，当社会线索指向可信时，愤怒情境下被试表现出的信任水平比悲伤情境下更高，当社会线索指向不可信时，愤怒情境下被试表现出的信任水平比悲伤情境下更低，这说明消极情绪引起的认知加工策略差异会影响对人际信任的判断，同时愤怒情绪比悲伤情绪更依赖社会线索。李彩娜、孙颖、拓瑞和刘佳（2016）以 100 名大学生为被试，采用实验法探讨了安全依恋启动对人际信任的影响，并分析了特质依恋风格的调节效应。实验 1 采用回忆书写任务启动安全依恋，采用混合实验设计考察了不同启动分组对信任词汇反应时的影响，结果表明与积极情绪启动组和中性启动组相比，安全依恋启动能显著提高信任的词汇决策反应时，特质依恋焦虑起调节效应。实验 2 采用被试间设计，考察安全依恋启动对信任博弈任务中信任决策的影响，结果表明安全依恋启动能够显著提高人际信任，这种效应独立于积极情绪的作用。同时，特质依恋焦虑在安全依恋启动与人际信任之间具有调节作用，与高依恋焦虑个体相比，安全依恋启动对人际信任的影响对低依恋焦虑个体更为显著。

第三，认知要素。影响信任的认知要素众多，其中能力、善意、正直被认为是最重要的三种认知要素（Mayer，Davis & Schoorman，1995），当然也有很多研究在此基础之上或沿着这一思路进行拓展。郑伯埙（1999）立足于华人企业组织的本土现实，从华人传统文化对上下级角色界定与权力差距出发，探讨了领导与员工的角色规范与角色义务区别。他认为要了解上下级之间的信任关系，就必须区分领导对员工的信任和员工对领导的信任，研究分析了影响信任关系的多种因素，即除了关系之外，忠诚和才能是影响领导对员工信任的重要因素，而仁厚和正直是影响员工对领导信任的重要因素。Colquitt、Scott 和 LePine（2007）通过对 132 个独立样本进行元分析，研究发现：能力、仁慈、正直分别与信任具有特殊关系；信任倾向与信任、能力、仁慈、正直具有正相关关系；信任在能力、仁慈、正直与风险承担、工作绩效之间具有部分中介作用；信任在信任倾向与风险承担、工作绩效之间具有部分中介作用。席酉民、杜永怡和刘晖（2004）通过收集来自21家企业280位员工的问卷调查数据，探讨了组织成员对信任的影响因素及其作用关系。研究发现能力、正直、关心是组织可信任度的重要构成因素，它们与信任正相关，而领导层行为、组织结构、组织文化是信任的支撑要素。领导层行为对组织获取能力、行为正直以及表现关心具有重要影响，它是组织可信任度支撑的主体要素；组织结构对组织获得能力和行为正直具有重要影响，它是组织可信任度的其他要素发挥作用的支撑平台；组织文化对组织行为正直和表现关心也具有重要影响，它为组织可信任度的其他要素发挥作用创造了良好的软环境。Yakovleva、Reilly 和 Werko（2010）通过对美国74名员工样本的问卷调查分析发现，个体的信任倾向正向影响该个体信任和同伴信任，同时它对虚拟合作同伴的影响会强于对同地合作同伴的影响，个体的可信度（能力、善意、正直）知觉正向影响个体信任和同伴信任，并且可信度正向调节信任倾向与同伴信任的关系。Frazier、Tupper 和 Fainshmidt（2016）通过对218名员工的问卷调查，检验了在初始关系和已建立的关系中何种组合能够产生领导信任。研究发现：在初始关系中，员工对领导能力、善良、正直的感知共同构成领导信任；在已建立的关系中，如果员工拥有高信任倾向，员工对领导能力和善良的感知共同构成领导信任；在已建立的关系中，员工对领导善良的感知和高信任倾向可以被领导的正直所替代。

第四，沟通方式。组织的正常运作离不开各个层次的沟通，信任也是组织运营的必要条件。以往研究表明，沟通与信任之间存在紧密联系，并且这二者是相互促进的，当增加沟通时，信任也会增加，合作行为也会随之增加（Loomis，1959）。王重鸣和邓靖松（2005）采用资源两难的情景模拟探讨了虚拟团队中沟通模式对团队信任和绩效的影响，研究发现在网络式沟通下，团队信任水平最高，信任的策略行为最多，层级式沟通次之，序列式沟通的信任水平最低，信任策略行为也最少。Nelson 和 Cooprider（1996）认为，双方之间的沟通之所以对两者信任产生影响，主要是因为通过情感交流增加了双方对彼此的了解，从而产生了信任。Das 和 Teng（1998）也认为上下级沟通是构建信任的主要策略，因为上下级可以通过交流和沟通避免在工作中发生严重冲突，从而使组织的日常运作更加顺畅。再就是，上下级沟通可以增加双方之间的了解，更好地向对方展示相互信任的诚意。另外，上下级沟通可以为后续的交流和互动以及形成共同的价值观提供基础，上下级之间的一致性会影响到员工对领导的信任。肖伟（2006）认为沟通是建立信任的前提，信任可以通过不间断的沟通来建立，沟通不仅可以培养信任，而且也是恢复和重建信任的途径。韩平、闫围和弓雅琼（2012）基于 242 名国有企业员工样本，从沟通频率、沟通方式、沟通风格和沟通方向等四个方面，探讨上下级沟通与员工上向信任之间的关系，研究发现上下级之间的沟通频率、沟通风格、沟通方向对员工上向信任具有影响。相对上下级之间的单向沟通，双向沟通可以提高信息的传播效率，同时会让员工有一种处于平等位置上的感觉，进而提高对上级的信任。王宁、周密和赵西萍（2014）通过对 216 名员工的问卷调查，研究了正式和非正式沟通对工作投入的影响，研究发现：正式沟通正向影响人际信任，非正式沟通正向影响情感信任；人际信任在正式沟通与工作投入之间具有完全中介作用；当加入人际信任后，非正式沟通和工作投入的负向关系由不显著变为显著。在组织成员交流和互动过程中，人际信任反映了组织成员对他人和环境的认知，以及在交往过程中奠定的情感基础。员工对领导和同事的信任可以降低个体对交流风险的顾虑，获得较强的组织支持感，即人际信任对积极情感具有促进作用。

第五，信任特质。信任特质指的是受信方身上所具备的、值得施信方采取信任行为和策略的特殊品质，这种品质可以是态度，也可以是行为。李志、金莹和陈永进（2010）基于 498 名员工样本探讨了企业员工的信任力特征，研究发现员工信任力特征包括态度品质的优良性、与领导的相融性、能力业绩突出性和人际协调性因素，并且不同类型的员工对信任力特征的认知存在差异。信任的建立需要经过认知、情感沟通和行为考察等阶段，不同阶段考察的因素是不同的。能够获取领导信任的员工，其自身特征具有多样性，是由态度、行为、关系、利益等多因素有机结合而成的统一体系。国有企业员工与民营企业员工在能力业绩突出性和人际协调性特征上存在明显差异，民营企业员工更强调通过工作能力和业绩来获得领导信任，而国有企业员工对良好人际关系的重要性评价明显高于民营企业员工。韦慧民和刘洪（2012）通过对1257名管理人员的问卷调查，探讨了个体层次的员工可信行为和组织层次的控制系统如何促进主动信任发展，研究发现员工可信行为对领导的员工认知信任和情感信任具有差异性影响。其中，角色胜任行为在促进领导对员工认知信任中发挥着关键作用，而忠诚行为在提高领导对员工情感信任中最为重要；制度控制和组织氛围对领导对员工的特殊化信任具有正向影响；制度控制对正直行为与领导的员工认知信任关系具有削弱作用，且对角色胜任行为、谨慎行为与领导的员工情感信任关系具有削弱作用；组织氛围对忠诚行为与领导的员工情感信任关系具有削弱作用。丁夏齐和林丽（2007）探讨了员工组织公民行为、可信任性、领导对员工的信任和泛化信任之间的关系。根据归因理论，领导会对员工的行为进行判断和归因，据此决定对待下级的方式，如果员工组织公民行为表现越多，领导就越容易信任员工，同时领导对员工的可信任性判断中介这两者之间的关系。泛化信任是一种人格特质信念，它认为一般人都是有诚意、善良及信任别人的，该研究发现领导的泛化信任作为调节变量，会影响领导对员工可信任性判断。刘永仁和尹奎（2013）基于203名员工样本，综合了计划行为理论、印象管理理论、社会交换理论探讨员工政治技能对建言行为的影响机制，研究发现：员工政治技能对信任、一般自我效能、建言行为具有正向影响；信任、一般自我效能感对建言行为具有正向影响；信任在员工政治技能与建言行为之间具有中介作用。

2. 领导因素

以往研究从领导视角探讨信任的影响因素，主要包括授权型领导、变革型领导、家长型领导、伦理型领导等，并且这一过程主要是围绕对领导的信任（简称领导信任）和对同事的信任（简称同事信任）展开的。

第一，授权型领导。授权型领导是领导与员工分享权力，并提高员工内在工作动机的一种领导风格（Chen，Sharma，Edinger，Shapiro &

Farh, 2011; Srivastava, Bartol & Locke, 2006)，它包括向员工描述工作意义、促进员工参与决策、对员工表达信心和提供自主权等四个维度（Ahearne, Mathieu & Rapp, 2005）。基于社会交换理论中的互惠原则，领导的授权赋能可以给予员工足够的权力、支持、尊重及信任，员工在感知到领导的支持和信任时，也会给予相应的信任和忠诚。与此同时，授权型领导也有助于促成友好组织氛围，增加员工间交流合作的机会，从而增强员工彼此间的信任。谢俊和汪林（2014）通过323套领导—员工配对样本探讨了授权型领导对知识型员工任务行为的影响机制，研究发现，领导授权不仅能直接强化知识型员工的任务熟练度、任务适应性和任务主动性，而且还可以透过领导信任间接影响任务熟练度、任务适应性和任务主动性。授权型领导可以给予知识型员工充分的工作自主权，与员工及时分享关键信息，为员工提供参与决策的机会，这些领导行为传递了重视员工、善待员工的信号，从而强化了领导信任。Bobbio、Bellan和Manganelli（2012）基于273名意大利医院护士样本探讨授权型领导、组织支持知觉、信任和工作倦怠之间关系，研究发现，组织支持知觉和授权型领导正向影响对组织的信任，领导信任和组织信任负向影响工作倦怠，而且会中介授权型领导、组织支持知觉与工作倦怠的关系。Laschinger、Finegan和Shamian（2001）基于412名加拿大护士样本验证了工作授权理论，研究发现，被授权员工具有较高的情感承诺和工作满意度，同时他们表现出更高的信任。由此可见，授权型领导会积极影响员工，并最终增强组织绩效。宋璐璐和刘永仁（2014）基于241名企业员工样本探讨了领导授权行为、信任、一般自我效能感和员工建言行为之间的关系，研究表明领导授权行为正向影响信任，信任在领导授权行为与员工建言行为之间具有部分中介作用。领导授权行为有利于上下级之间建立高品质的信任关系，进而促进更多的角色外行为。万涛（2009）基于183名企业员工样本探讨了心理授权、信任与组织公民行为之间的关系，研究发现，心理授权不仅能直接提高信任，而且还能加强信任与组织公民行为的正向关系，从而进一步提高了员工绩效和组织产出。授权是理解信任的关键因素，它可以改善组织内部由于信任缺失或信任度低而导致的组织效率瓶颈，同时强化信任对组织公民行为也有正向影响。被授权的员工也会认为自己的能力受到了领导重视，能够自主完成工作，比其他员工受到更少的制约，出于互惠信念而产生更高的信任水平。

第二，变革型领导。变革型领导是通过让员工意识到自己所承担任务的重要意义，激发其高层次需要，建立相互信任的氛围，促使员工为组织利益而牺牲自我利益，并取得超乎预期的结果（Bass，1995）。这种领导风格通过理想化影响力或魅力、鼓舞性激励、个性化关怀以及智力激发来发挥效用。Zhu 和 Akhtar（2014）基于 348 名中国企业员工样本探讨了变革型领导与追随者助人行为之间的关系，结果发现情感信任和认知信任在变革型领导与追随者助人行为之间具有中介作用。当员工的亲社会动机较高时，情感信任在变革型领导与追随者助人行为之间起到中介作用；当员工的亲社会动机较低时，认知信任在变革型领导与追随者助人行为之间起到中介作用。吴敏和张勇（2012）通过对 939 名民营企业员工的研究发现，信任在变革型领导与组织承诺、工作满意度之间具有中介作用。变革型领导与员工的组织承诺和满意度呈正相关关系；信任与组织承诺、满意度呈正相关关系；变革型领导与信任呈正相关关系。员工的行为动机在很大程度上受到领导行为的影响，变革型领导能够预测员工的组织承诺和满意度，而变革型领导与信任的产生有着密切关系，员工是否信任领导将决定其采取怎样的工作态度和怎样的行为表现，所以变革型领导通过塑造员工的信任感，对其工作动机和工作态度产生积极影响。张可军、廖建桥和张鹏程（2011）通过对 173 名企业员工的问卷调查，探讨了变革型领导对知识整合的影响，研究发现：变革型领导对员工信任和知识整合具有正向影响；员工信任在变革型领导与知识整合之间具有部分中介作用；员工信任对贡献知识和组合知识均有正向影响；贡献知识在员工信任和组合知识之间具有部分中介作用。当员工之间信任水平较高时，员工之间更具合作和相互支持倾向，所以更愿意贡献知识和组合知识。柯江林和孙健敏（2007）以 284 名研发团队成员样本分析发现，变革型领导对领导信任和同事信任均具有正向影响，且团队成立时间越长，变革型领导对同事信任的正效应会越强。变革型领导、团队报酬、任务依赖性、社会类别相似性、信息相似性等对同事信任具有积极影响，其中任务依赖性是指需要从其他成员那里获得资源、信息和支持来完成任务和工作的程度，组织可以通过促进信息交流与沟通、增加员工归属感、成就感来增强信任。王颖和潘茜（2014）以515名中小学教师为样本，分析了变革型领导对教师组织沉默的影响，以及信任和心理授权的中介作用。研究表明：变革型领导与教师组织沉默存在负相关关系，变革型领导与信任存在正相关关系，信任在变革型领导与教师组织沉默之间具有中介作用。

第三，家长型领导。家长式领导是华人文化中一种典型的领导风格，是指在人治的氛围下，所显现出来的具有严明纪律与权威、父亲般的仁慈及道德廉洁性的领导方式，它包含威权、仁慈和德行等三个维度（樊景立、郑伯埙，2000）。Chen、Eberly、Chiang、Farh和Cheng（2014）在社会交换理论框架下，运用等级制度和关系主义这两种儒家价值观来解释情感信任在家长型领导与员工角色内和角色外绩效之间的关系。该研究基于中国台湾地区的601套领导—员工配对数据分析发现，家长型领导的仁慈和德行维度正向影响员工的角色内和角色外绩效，而威权维度负向影响员工绩效，同时情感信任在仁慈领导、德行领导与员工绩效之间具有中介作用，但是在威权领导与员工绩效之间的中介作用不显著，这说明家长式领导的三个维度对信任的影响存在一定差异性。Wu、Huang、Li和Liu（2012）也得到了类似结论，他们探讨了家长型领导与员工工作绩效之间的关系，研究发现，互动公平在仁慈领导、德行领导与领导信任之间具有中介作用，但是在威权领导与领导信任之间的中介作用不显著。张燕和怀明云（2012）对服务业的337套领导—员工配对数据的分析发现，威权领导会通过降低权力距离导向的员工对领导的信任程度，进而减少其组织公民行为。相反，威权领导的负面影响对高权力距离导向的员工会变弱，甚至转化为一种积极影响。李锐和田晓明（2014）采用214套领导—员工配对数据，考察了威权领导对员工前瞻行为的影响，研究发现威权领导与员工前瞻行为负相关，领导信任在威权领导与员工前瞻行为之间具有中介作用，员工权威主义导向对威权领导与领导信任和前瞻行为之间的负向关系具有弱化效应，并且领导信任完全中介威权领导与员工权威主义导向的交互作用对员工前瞻行为的影响，员工集体主义导向对威权领导与领导信任之间的负向关系具有增强效应。于桂兰、姚军梅和张蓝戈（2017）的研究表明，家长型领导的仁慈和德行维度对工作绩效及员工信任的情感信任和认知信任维度均有正向影响，而威权维度对工作绩效和认知信任没有显著影响，但对情感信任具有负向影响，并且员工信任在家长型领导与工作绩效之间具有部分中介作用。鞠芳辉、谢子远和宝贡敏（2008）以浙江省308家民营企业样本分析了民营企业领导人中的变革型、家长型领导对企业绩效的影响机理，研究发现，变革型领导对员工信任、员工工作态度和企业绩效均有显著正向影响，而家长型领导的整合概念对结果变量的影响大多不显著，这可能是家长型领导中威权维度的负效应所致。另外，研究发现家长型领导的各维度具有交互作用，特定的维度组合会产生特殊效果，如领导的“恩威并施”在特定情形下也可能有效。变革型领导主要通过员工的认知信任—组织承诺与员工沟通—企业动态绩效这一路径发挥影响，而家长型领导更多通过员工的情感信任—工作满意—企业静态绩效这一路径发挥作用。

第四，伦理型领导。伦理型领导是指通过表率行为和人际互动来表明在组织中什么是合乎规范、恰当的行为，并通过双向沟通、强化和决策来激励员工道德行为的领导方式（Brown，Treviño & Harrison，2005）。领导角色和行为是员工对领导产生信任的重要因素（Dirks & Ferrin，2002），由于伦理型领导具有公平、正直、诚信等特征，经常与员工沟通、交流，并表现出很多人际关怀行为，所以会对信任产生积极影响（Brown & Treviño，2006；Den Hartog & De Hoogh，2009；张永军、赵国祥，2015）。Zhu、May 和 Avolio（2004）构建了一个领导伦理行为、组织承诺和领导信任的理论框架，并指出领导伦理行为正向影响组织承诺和领导信任，且心理授权在此之间具有中介作用，而且领导伦理行为的真实性知觉对这一关系具有正向调节作用。袁红谱（2010）构建了一个信任的结构层次框架，并分析了伦理型领导对新员工信任建立的作用机理，研究分别论述了伦理型领导对新员工人际信任、群体信任、制度信任、战略愿景信任的影响。Chughtai、Byrne 和 Flood（2015）

关注于伦理型领导对与工作相关的幸福指标的影响，并构建了一个结构方程模型，研究发现，伦理型领导对工作卷入和情绪耗竭具有显著影响，并且领导信任在这之间具有中介作用。涂乙冬、陆欣欣、郭玮和王震（2014）基于社会交换理论，以50个工作团队的248名员工为研究对象，考察了伦理型领导与个体层次和团队层次上领导者收益的关系及其作用过程。研究结果表明：伦理型领导对个体层次的员工对领导的认知信任和情感信任，以及团队层次的团队绩效和领导绩效均有正向影响；团队领导—员工交换中介了伦理型领导与员工对领导的认知信任、情感信任以及团队绩效的关系，但在伦理型领导与领导绩效之间的中介作用不显著。薛晓州和赵畅（2016）基于社会信息加工理论探讨了伦理型领导对员工主观幸福感的作用机制，研究通过197名企业员工样本的数据分析发现伦理型领导对员工主观幸福感具有正向影响，伦理型领导通过促进同事支持和同事信任来提高员工主观幸福感，且亲社会动机负向调节伦理型领导对同事支持、同事信任的正向影响。伦理型领导关心员工，会在物质和精神方面尽可能给予员工更多帮助，在领导带领下，员工也会互助互爱，相互支持，彼此之间更加信任，在这一和谐的组织与员工关系中，员工的主观幸福感也会相应获得提高（Yang，2014）。杨霞和李雯（2017）运用社会学习理论、社会交换理论和社会认同理论分析了伦理型领导对员工知识共享行为的作用机理，研究根据社会交换理论剖析了信任在伦理型领导与员工知识共享行为之间的中介作用，并从个体特质角度探讨了员工传统性和心理安全的调节作用。

第五，其他领导风格。除了上述四种领导风格，也有研究证实其他多种领导风格对信任具有显著影响，这一过程多数是沿着社会交换路径来实现的。交易型领导是通过在奖酬基础上的即时交换来影响追随者，其目的是通过理性与经济手段对员工进行监控与控制（Bass，1985）。交易型领导本质上也是一种交换过程，领导对员工的付出和业绩给予相应的奖惩，而员工对领导赋予相应的信任。吴敏、黄旭、徐玖平、阎洪和时勘（2007）以256套领导—员工配对样本，探讨了中国式变革型领导、交易型领导和家长型领导在中国企业中的表现和适用性，研究发现交易型领导正向影响员工对领导的信任，并且透过信任间接影响员工的工作满意度、组织承诺、离职意向、组织公民行为和工作绩效。另外，信任在分配公平、程序公平对员工的工作满意度、组织承诺、离职意向、组织公民行为和工作绩效的影响中具有中介作用。

辱虐型领导是一种消极领导风格，它是指员工感知到领导持续表现出的语言或非语言性敌意行为，但并不包含身体接触类的侵犯（Tepper，2000）。当领导实施辱虐管理、以敌意姿态对待员工，甚至公然嘲笑或指责员工时，往往会因为难以达到员工心理预期而令其感到交换的不对称，进而削弱员工对领导的信任知觉。吴隆增、刘军和刘刚（2009）对6家电子制造企业中283名员工和112名主管的问卷调查，探讨辱虐型领导对员工任务绩效和组织公民行为的影响，研究发现辱虐型领导会破坏员工的领导信任，继而降低任务绩效和组织公民行为。另外，传统性员工对辱虐管理的耐受力会更强，所以高传统性员工会较少因为领导的辱虐行为而降低其领导信任。

诚信型领导是能深刻了解自己是如何思想、如何行动的领导者（Avolio，Gardner，Walumbwa，Luthans & May，2004）。在其他人看来，这种领导能认识自己和他人的价值观、道德观、知识及优势，了解自己所工作的情景，在个性方面自信、满怀希望、乐观、灵活，拥有高水平的道德水准。王聪颖和杨东涛（2014）通过343位员工样本，从工作需求—资源模型视角，探讨了诚信型领导对员工态度和行为的影响，研究发现：诚信型领导对员工工作投入和组织承诺均有正向影响；诚信型领导通过信任氛围知觉间接影响员工工作投入和组织承诺；个体主义对信任氛围知觉与员工工作投入、组织承诺之间关系具有调节作用，即员工的个体主义越高，信任氛围知觉对员工工作投入、组织承诺的正向影响越小。

除此之外，理想型领导也被证实与信任存在一定关联。变革型领导是一个不断发展变化的概念，Bass在1997年与Avolio合作开发了一套多元领导风格量表，他们进一步细化了理想型领导及其他领导风格的测量问题（Bass & Avolio，1997）。理想型领导会为员工描绘一幅美好的愿景，使员工相信这个愿景是有价值的，并对未来充满信心。马丽娜（2013）通过209位企业员工样本的结果发现，理想型领导对领导信任具有正向影响，而且理想型领导会通过追随者对领导的信任、承诺和满意度既直接又间接地影响员工的自发行为，但关怀型领导由于缺乏对追随者的深远影响，所以并不影响追随者的信任。

3. 情境因素

第一，领导成员交换关系。关系是中国文化情境下所特有的信任风险管理策略，其内在制约作用可为社会交往和商业运营中的信任建立和维护提供保障。领导成员交换关系是一种影响信任的重要关系，好的关系意味着彼此充分的了解，共同的利益基础，以及微弱的背叛可能性（Browera，Schoormanb & Tan，2000；Liden，Erdogan，Wayne & Sparrowe，2006）。以往有研究认为契约只有在双方没有信任时才独立发挥作用，而当信任足够强时，即便没有契约的限制，双方也能达成共识。另一种观点认为，契约和信任同等重要，契约在管理信任风险方面的作用无法代替，契约有利于信任的建立和长远发展。严进、郑玫和苗玲玲（2007）通过对154名员工样本分析发现，契约与领导成员交换关系的交互作用对领导信任具有显著影响。领导成员交换关系在领导信任形成过程中起主导作用，在关系一般时，完备的契约可以有效降低信任风险，从而促进领导信任的形成。Chen、Wang、Chang和Hu（2008）基于社会交换视角探讨了医疗组织中领导成员交换关系、领导信任、领导支持和员工组织公民行为之间的关系，研究发现领导成员交换关系的质量正向影响领导信任和领导支持，并最终促进员工的组织公民行为，所以领导信任和领导支持在此关系中具有中介作用。周路路、张戌凡和赵曙明（2011）基于社会交换理论，探讨领导成员交换关系对组织中员工沉默行为的作用机制，研究发现：领导成员交换关系对员工沉默行为具有显著影响，信任在这二者之间具有完全中介作用，即高质量的领导成员交换关系可以为组织创造一种高信任的组织氛围，从而打破员工沉默。另外，风险回避可以正向调节信任与员工沉默行为之间的负向关系。李育辉、刘松博和卫悦容（2013）以IT企业357名研发人员为样本，考察了领导成员交换关系、信任和知识共享之间的关系，研究发现，高质量的领导成员交换关系对个体的情感信任和认知信任具有促进作用，这也会增加知识共享行为，其中信任具有中介作用。倪渊和林健

(2013) 通过49个工作团队的225名员工样本，探讨了知识型团队中领导成员交换关系差异对团队成员工作态度的影响机制，研究发现，知识团队中领导成员交换关系差异可以有效预测员工的工作态度，即员工感知到的领导成员交换关系差异越大，员工对团队的情感承诺越小，离职倾向越强，而且员工之间的信任在领导成员交换关系差异与员工工作态度之间具有完全中介作用。团队中领导成员交换关系差异越明显，一方面会降低员工之间的社会相似性，阻碍彼此的有效沟通；另一方面会降低成员的团队公平感知，这两方面因素的共同作用会使员工之间信任降低，从而表现较低的情感承诺和较高的离职倾向。

第二，组织控制。控制和信任是两种基本的组织管理方式，但学术界对控制与信任的关系看法不一。第一种观点认为，信任是控制机制的一种（Bradach & Eccles，1989）；第二种观点认为，信任是层级控制的一种替代（Leifer & Mills，1996）；第三种观点认为，信任与控制存在一种互补，特定情况下控制可以帮助建立信任（Goold & Campbell，1987）；第四种观点认为，信任和控制独立地影响组织活动。特别是最后一种观点，既承认控制与信任之间的联合性，又指出这二者管理效用的独立性，这体现了控制与信任之间关系的复杂性。恰当的组织控制可以提高组织成员行为的可预测性和可接受性，从而促进信任的形成和发展，此时控制与信任主要表现为互补关系；但过多的组织控制又会降低行为的可接受性，进而阻碍信任的形成和发展，此时这二者又表现为替代关系（陈春花、马明峰，2006）。初浩楠和廖建桥（2008）认为，控制与信任的关系会随着人际信任类型和水平的不同进行调整。他们通过对163名员工样本的分析发现，结果控制和能力控制对员工的认知信任具有正向影响，对情感信任具有负向影响，而行动控制对人际信任的影响不显著。组织制度保障是组织控制的一种具体措施，它是组织通过制度的设计促使团队尽可能地按照组织的意愿来从事相关的工作活动（宋源，2010）。如组织采用启发性方式将员工进行分组，使具有专长的员工可以实现团队合作，并且鼓励员工参与决策、自我约束（Thomsett，1980），这都会影响团队成员的善意预期，同时有助于建立团队信任。宋源（2010）通过306名企业员工样本的问卷调查，探讨了团队信任的影响因素，以及在传统团队和虚拟团队中的差异。研究发现团队信任受到来自个体、团队、组织层面因素的共同影响，但团队信任的影响因素在传统团队与虚拟团队中存在差异。组织制度保障性在传统团队中对团队信任具有更显著影响，但在虚拟团队中的影响不如传统团队显著。领导对员工投入的评价是另一种特定控制措施，领导可以借此维持决策制定过程和战略顺利实施。这种控制方式对领导与员工的交流有帮助，因此也可能影响员工对领导的信任。Korsgaard、Schweiger 和 Sapienzal（1995）通过 20 个团队的领导—员工配对数据分析发现：领导对员工投入的评价分别与员工—团队联系、领导信任存在正向关联，程序公平在领导对成员投入的评价与领导信任之间具有完全中介作用。由于组织控制可以降低管理不确定性，所以一般认为组织控制可以促进信任发展（李武、席酉民，2002；Schoorman，Mayer & Davis，2007）。韦慧民和龙立荣（2012）基于主动信任发展视角，通过 1349 位员工样本探讨了领导可信行为和组织控制对于领导信任的跨层次影响机理，研究发现：领导可信行为的正直行为、管理胜任行为、公正行为和控制权分享等维度正向影响领导认知信任；指导行为、公正行为和控制权分享等维度正向影响领导情感信任；组织控制的制度控制和组织氛围两维度对领导信任均具有正向影响；制度控制正向调节控制权分享对领导认知信任的影响，负向调节公正行为对领导情感信任的影响；组织氛围负向调节正直行为、管理胜任行为对领导认知信任的影响，以及公正行为对领导情感信任的影响。

第三，组织氛围。组织氛围是组织成员对工作场所中被期望、支持和奖励的实践、程序和行为的共同感知（Schneider，1990）。由于不同的研究侧重点不同，组织氛围又会根据研究需要细分为多种类型，其中组织伦理氛围备受关注，而它对信任的积极影响也得到众多研究的广泛支持（DeConinck，2011；Mulki，Jaramillo & Locander，2006）。张四龙、李明生和颜爱民（2014）通过 30 家企业 1133 名员工的问卷调查，探讨了组织伦理氛围与组织公民行为之间的关系，研究发现关爱型和规则型伦理氛围对领导信任具有正向影响，工具型伦理氛围对领导信任具有负向影响，领导信任在关爱型和规则型伦理氛围与组织公民行为之间具有中介作用。在工具型伦理氛围下，领导对员工的关爱程度较低，其行为主要是为自我或组织利益服务，而忽视甚至损害员工利益，从而降低了员工对领导的信任水平。在关爱型伦理氛围下，领导会积极关心员工利益，尽力满足员工合理需要，从而提高了员工对领导的信任水平。在规则型伦理氛围下，领导按公司规章制度办事，不会无故侵害员工利益，从而提高了员工对领导的信任水平。朱永跃、马志强和孙颖（2014）基于 Gillespie 和 Dietz（2009）的信任影响因素模型进一步验证相关假设，研究发现组织领导和管理实践、组织文化和氛围、组织战略、组织结构、政策和实施、外部监管和社会声誉均对信任具有显著影响。组织准则会对员工的不恰当行为施加压力，为恰当行为提供理由（Dickson，Smith & Grojean，2001）。组织可以通过文化氛围来灌输有关诚信和能力的价值观，从而创造象征和促进信任的“文化产品”。余璇和陈维政（2015）基于 448 个员工样本发现：自利导向伦理氛围负向影响情感承诺和信任，关怀导向伦理氛围和规则导向伦理氛围正向影响情感承诺和信任，并且信任在组织伦理氛围与情感承诺之间具有中介作用。在自利导向伦理氛围中，利己主导了员工的道德判断，即自我利益最大化，基本上不会考虑组织中其他人的利益和需求，此时员工对组织的评价是负面的，所以信任会降低。在关怀导向伦理氛围中，员工往往表现为相互合作，这种积极的工作态度会在员工中间塑造一种积极的情感氛围，所以此时信任会增加。在规则导向伦理氛围中，员工会产生较高的道德认知，当个体面临道德决策时，员工会以公司的程序和规范作为评判依据，此时员工的信任也会增加。另外，学习导向是组织内部有利于组织学习的价值观、文化氛围、政策措施和战略方向，它能促使组织对环境变化做出快速反应，并持续地增加和创造利用知识以增强竞争优势的活动。葛晓永、吴青熹和赵曙明（2016）的研究发现，学习导向对认知型团队信任、情感型团队信任、企业创新绩效具有正向影响，同时学习导向会通过认知型团队信任对企业创新绩效产生影响。另外，组织社会化也被证实对信任具有助推作用。王雁飞和朱瑜（2012）探讨了组织社会化与创新行为的关系，研究发现组织社会化对信任具有正向影响，同时组织社会化会透过信任对知识共享、创新行为产生积极影响。一方面，组织社会化为员工创设了良好的工作氛围，向员工展示了组织未来的发展前景，这有利于员工建立对组织的信任；另一方面，组织社会化也极大地消除了员工的顾虑和担忧，使其能够充分地投入到工作中去。

不仅如此，有研究发现组织内部信任之间也存在一定关联。李爱梅、谭清方和杨慧琳（2012）解释了领导信任员工和员工信任领导之间的双向信任关系，研究发现领导信任员工对员工信任领导具有正向影响，同时领导信任员工通过心理授权间接影响员工信任领导，即领导信任员工会赋予员工较多的工作任务和授权，员工在感受到领导信任后也会以信任作为回报。员工信任领导对领导信任员工也具有正向影响，如果员工信任领导，他也会通过更多的工作投入来获得领导的信任。Lau和Liden（2008）分析了员工之间信任度的相关性，研究发现员工被同事信任与被领导信任是正相关的，而员工对领导信任正向调节了被同事信任和被领导信任之间的正相关性。团队绩效负向调节了被同事信任和被领导信任之间的关系，当团队绩效更好时，员工被同事信任和被领导信任的关系会被削弱。

四　组织中信任的影响效果

1. 工作态度

工作态度是指个体对其所从事工作的持久性感情或评价（苗仁涛等，2012），目前学术界有关信任结果变量研究关注比较多的工作态度是工作满意度、组织承诺、心理授权、心理安全和心理契约违背。

第一，工作满意度。工作满意度是员工对工作及与工作有关活动的一种情绪体验（卢嘉、时勘、杨继锋，2001），Muchinsky和Morrow（1980）认为工作满意度是预测员工职场行为的最佳指标。以往研究认为，信任与工作满意度具有显著相关性，并且对工作满意度具有正向促进作用。Driscoll（1978）探讨了高校教师的信任和参与决策制定对工作满意度的预测有效性，研究发现信任可以很好地预测整体满意度。相对整体信任而言，具体情境下的信任与满意度的相关性更高，信任对满意度的预测效果比整体信任要强。于海波、方俐洛、凌文辁和郑晓明

（2007）探讨了信任对个体和组织变量的影响，研究通过43家企业的801份员工样本分析发现，信任对员工的工作满意度、情感承诺均有正向影响，但对离职意愿具有负向影响，而且信任对工作满意度、情感承诺与离职意愿之间的关系具有正向调节作用。曾贱吉、胡培和蒋玉石（2010）试图构建一个信任、工作满意度和组织承诺关系的概念模型，并通过结构方程模型进行检验，研究发现员工的信任可以通过工作满意度的中介作用对组织承诺产生间接影响。Paillé、Bourdeau和Galois（2010）从社会交换视角探讨了组织支持知觉、信任、满意度、离职意愿和公民行为之间的关系，研究通过355份员工样本发现，组织支持知觉正向影响信任，信任正向影响满意度。段正梁、彭阶贞和危湘衡（2015）探讨了领导信任的结构、领导信任的影响因素及其与员工工作满意度之间的关系，研究结果表明：员工对领导的情感信任和认知信任会分别受到领导公正行为、指导行为、关怀行为、控制权分享行为、信息沟通、领导正直行为、角色胜任行为、信任倾向、制度规范等多种因素的影响。与此同时，员工对领导的情感信任和认知信任均对工作满意度具有正向影响，且认知信任比情感信任对工作满意度的影响更大。

第二，组织承诺。信任是组织承诺的重要来源（Fuglsang & Jagd，2015；Sousa-Lima，Michel & Caetano，2013），拥有信任的员工对组织存在天然的情感依附。在不确定环境中，员工之所以愿意投入更多的资源，也是因为员工信任组织。由此可见，员工对组织的信任能够促进员工的组织承诺。郑晓涛、石金涛和郑兴山（2008）通过928名员工样本探讨了领导信任和组织信任对员工工作态度的影响，结果表明：领导信任和组织信任对组织承诺和工作满意度具有正向影响，对离职意愿具有负向影响，并且组织信任通过领导信任的中介作用间接影响组织承诺、工作满意度和离职意愿。李倩、王艳平和刘效广（2009）通过101家高新技术企业的2239名员工样本分析发现，员工对高管的信任水平越高，员工的组织承诺也会越高，且离职意愿就越低，而且高管信任对离职意愿的影响透过组织承诺的中介作用来实现。较高的组织信任往往会为员工带来积极情绪，从而导致员工产生积极的工作态度。凌玲和申鹏（2009）认为组织信任可以分为上级信任、高管信任和同事信任三个层次，研究通过313名员工的问卷调查发现，组织信任的三个层次均对组织承诺存在影响，而工作满意度可以透过不同层次的组织信任对组织承诺产生间接效应，其中高管信任最显著，其次是主管信任，再次是同事信任。白少君和安立仁（2014）探讨了企业伦理行为对员工情感承诺和工作满意度的影响，研究根据333套员工样本发现企业对各利益相关者的伦理对组织认同和组织信任具有正向影响，组织信任对工作满意度和情感承诺具有正向影响，同时组织信任能中介企业伦理行为对情感承诺和工作满意度的影响。孙秀霞、朱方伟和宋昊阳（2016）为探究企业如何通过项目经理管理来提升项目绩效，构建了一个组织信任对项目绩效的影响模型。研究对232份员工样本的分析发现：项目经理的认知信任对组织承诺的三个维度具有显著促进作用；情感信任主要作用于情感承诺和规范承诺，它对持续承诺的影响不显著；情感承诺和规范承诺在组织信任和项目绩效之间具有中介作用，持续承诺的中介作用未得到支持。

第三，心理授权。心理授权是被授权的个体对工作环境的综合感知和主观评估（Thomas & Velthouse，1990）。作为一种内在的激励心理，心理授权可以激发个体的工作行为。许多研究证明，授权是理解组织中信任关系和揭示一些变量内在作用机制的关键因素（Culbert & McDonough，1986；凌俐、陆昌勤，2007）。Gómez和Rosen（2001）基于领导成员交换理论解释了管理信任与员工授权之间的关系，研究通过13个组织的128份领导—员工配对数据证实了管理信任对员工授权的正向影响，并且管理信任可以透过领导成员交换关系间接促进员工授权。Ergeneli、Ari和Metin（2007）探讨了领导信任与心理授权各维度之间的关系，研究通过220名安卡拉银行管理人员的样本数据分析发现，员工对领导的认知信任正向促进心理授权的价值（Meaning）和能力（Competence）维度，情感信任正向促进影响力（Impact）维度，而任何类型的领导信任与自我决定（Self-determination）维度都没有显著影响。王国猛、赵曙明、郑全全（2012a）探讨了团队信任对团队组织公民行为的影响机制，即团队信任是否会通过团队心理授权的中介作用对团队组织公民行为产生影响。研究对156个团队的568名员工样本分析发现，团队信任对团队心理授权、团队组织公民行为具有正向影响，而且团队心理授权在团队信任和团队组织公民行为之间具有中介作用。王国猛、赵曙明和郑全全（2012b）在另外一项研究中探讨了团队氛围与团队心理授权之间的关系，研究发现团队氛围对团队信任、团队心理授权具有正向影响，团队信任对团队心理授权具有正向影响，团队信任在团队氛围与团队心理授权之间具有部分中介作用。其中，情感信任在团队氛围与团队心理授权之间具有部分中介作用，而认知信任的中介作用不显著，这说明团队氛围对团队心理授权的影响更多依赖于情感感染。团队信任诠释了团队心理授权的程度，这也是团队成员对他们的能力、知识、专长以及他们的工作价值、工作自主决策以及对彼此承担工作责任的信念。马华维和王欣（2014）探讨了组织中员工感知的来自领导的信任即被信任感与员工对领导的信任对员工心理和行为的影响，研究通过737名企业员工样本的分析发现，员工的被信任感与对领导的信任正相关，并且员工的被信任感可以通过感激和心理授权的中介作用影响员工的工作绩效和满意度。这说明被信任感拥有两条路径影响个体工作结果，一方面可以通过激发员工的感激之情，另一方面可以通过提高员工的心理授权。

第四，心理安全。心理安全是一种主观心理状态，在这种状态下个体不用担心表现真实的自我会对地位、形象或职业生涯产生不良影响（Kahn，1990）。信任与心理安全拥有天然联系（Roussin，2008），因为信任是一方对另一方的行为和意愿的积极预期（Johnson-George & Swap，1982；McAllister，1995；Rousseaul，Sitkin，Burt & Camerer，1998）。持信任倾向的个体对组织中的威胁感知较低（Atkinson，2004），员工可以在此情境下真实地表达自我，自由发挥特长和创造性，实现自我价值（Brown & Leigh，1996）。那些能为员工提供支持的工作环境，特别是关注员工需求和感受的组织，会为员工提供积极反馈，打消员工内心的焦虑和疑惑，使员工能体会到更多的安全感（Deci & Ryan，1987）。李宁和严进（2007）通过结构方程模型来分析组织信任对员工工作绩效的影响途径，研究表明组织信任正向影响心理安全，而心理安全通过工作聚焦和工作改进两条独立途径影响工作绩效。员工对工作情境中人和制度的信任被认为对员工心理安全具有重要影响（Atkinson，2004；Edmondson，1999；May，Gilson & Harter，2004），当员工相信组织中的制度是公平合理的，他们就不会耗费时间去关心制度上的缺陷，以及可能对自己带来的不利。马华维和王欣（2014）探讨了组织中员工感知的来自领导的信任即被信任感与员工对领导的信任对员工心理和行为的影响，研究通过737名企业员工样本的分析发现，员工的被信任感与对领导的信任正相关，其中员工对领导的信任对员工工作绩效的影响可以通过心理安全的完全中介作用实现。叶仁荪、倪昌红和廖列法（2016）以工作群体为研究情境，探讨了工作群体对领导信任、群体离职意愿的影响，研究结果表明领导信任正向影响群体心理授权，并且领导信任可以通过提升群体心理安全间接降低群体离职意愿。

第五，心理契约违背。心理契约是由员工与雇主之间明确或含糊地构建起的一种重要关系纽带，它包含着彼此承诺所需履行的义务（Robinson & Rousseau，1994；Rousseau，2001）。这些承诺的义务包括丰富的工作内容、公平的报酬、充足的成长机会、有前景的晋升空间以及支持性的工作环境等（Robinson，Kraatz & Rousseau，1994）。心理契约是建立在相互忠诚、相互信任基础上的，其核心就是基于彼此的承诺（Rousseau，1995）。心理契约违背则是员工对于组织未履行心理契约的一种认知评价（Morrison & Robinson，1997）。它从员工角度出发，该评价将员工感知与组织承诺进行对比，如果员工认为组织未履行潜在约定时，心理契约违背就产生了。另外，个体也倾向于寻求与过往经验相一致的信息。这就意味着，如果员工对组织的信任感较低，他们对组织违背承诺的举动就会比较敏感。即使没有违约或违约程度不高，员工仍可能高估其违约程度（Robinson，1996），此时对组织的违约信息也更为敏感（Morrison & Robinson，1997）。黄嘉欣、汪林和储小平（2015）探讨了人际信任对家族企业员工组织导向偏差行为的影响机制，研究通过对广东本土家族企业234份员工样本的分析表明：员工对领导的人际信任越强，员工所感知的心理契约违背就越低，实施的组织导向偏差行为就越少，而心理契约违背在员工对领导的人际信任和组织导向偏差行为之间具有完全中介作用。在领导的组织代表性较高的情况下，员工对领导的人际信任对心理契约违背的负向影响就越强。在家族企业情境中，尤其是当企业制度规范还不健全时，员工对组织的信任是建立在员工对领导的人际信任之上的，这时人际交往的违约信号就会被解读为组织与员工之间的违约信号。此时，员工对领导的不信任容易诱发组织破坏心理契约的愤懑情绪，于是产生心理契约违背。Robinson（1996）通过对125位新员工的三阶段调查，探讨了新员工对领导的信任与心理契约违背之间的关系，研究发现这二者之间的联系是强烈且多层次的，员工的初始信任与入职18个月后的心理契约违背呈负相关关系，并且员工对领导的初始信任会影响心理契约违背以及后续信任之间的关系。

2. 工作绩效

以往关注组织信任与工作绩效之间关系的研究，通常从社会交换视角进行解释，即当员工或团队感受到来自领导或组织的信任，他们会采取相应的互惠策略，也就是以更高的工作绩效作为信任的回报，其中工作绩效可分为个体绩效和团队绩效。

第一，个体绩效。李宁、严进和金鸣轩（2006）基于279位国企员工的问卷调查，探讨了组织内信任与工作绩效之间的关系，研究发现员工对直系领导、同事和高层领导的信任都会对个体的工作绩效产生影响，并且彼此之间相互独立，彼此互补。在多种信任源对工作行为产生影响的过程中，个体对不同对象的知觉与行为之间关系复杂，高层领导信任对员工工作绩效的影响效应，部分应由直系领导信任所中介。员工对直系领导的信任取决于对其能力、善意和诚信的判断，而对高层领导的信任更多取决于对组织支持、程序公平和分配公平的知觉（Tan & Tan，2000）。李宁和严进（2007）通过203套领导—员工配套样本分析发现，组织信任正向影响心理安全感，而心理安全感通过两条独立途径影响工作绩效，分别是工作聚焦与工作改进，即工作专注和改进创新在心理安全和任务绩效之间具有中介作用，且工作专注的中介效应大于改进创新的中介效应。组织信任是组织内部成员对于组织整体环境的一个信任氛围评价，员工的组织信任感知会受到其他组织成员行为以及组织中客观情境和事件的影响。Salamon 和 Robinson（2008）通过对加拿大88个零售商店的纵向研究，探讨了员工群体感知到的领导信任所带来的影响。研究发现当员工群体感知到他们被领导信任时，就会相应增强责任规范，同时这也会提高销售业绩和顾客服务绩效，其中责任规范完全中介领导信任对销售业绩的影响。当环境引导员工感知到领导信任时，员工就很可能采取一种道德认知，他们会认为这种信任投资可以约束其行为，将会更有责任感地采取行动，也就是以不会违背信任群体期望的方式来工作（Deutsch，1958）。韦慧民和龙立荣（2008）从特征观与关系观视角，构建了领导信任的认知与情感维度对任务绩效影响的双路径模型。研究通过287对领导—员工配对数据发现：领导信任的认知维度并不直接影响任务绩效，而是通过注意聚焦间接影响任务绩效；领导信任的情感维度一方面直接影响任务绩效，另一方面透过情感承诺间接影响任务绩效。关系观关注于领导与员工之间关系的性质，强调上下级超越纯经济契约的高质量关系。如果员工感知到领导已经表现出，或者未来将会表现出对自己的关心和照顾，就可以促进情感信任的形成。情感信任会使员工更愿意进行社会交换，花费更多时间更主动地完成所承担的任务，即情感信任通过社会交换机制影响任务绩效。领导以关心或照顾的方式善待员工，会促进良好社会交换关系的形成，促使员工以积极的态度回报组织，发展起对组织的情感依恋。因此，员工对领导的情感信任会影响员工对组织的情感承诺，进而影响员工的任务绩效。Li和Tan（2013）通过对中国商业银行206份领导—员工配对数据，探讨了员工的领导信任与工作绩效之间的关系，研究发现领导信任会通过心理可获得性和心理安全感促进工作绩效。陈明淑和申海鹏（2015）通过181份知识密集型企业员工样本，考察了组织内信任、员工敬业度和工作绩效之间的关系，结果表明：组织内信任的各维度之间存在着潜在的逻辑递进关系；同事信任、组织信任通过工作敬业度正向影响员工任务绩效；领导信任影响组织信任，并通过工作敬业度和组织敬业度间接影响员工任务绩效；同事信任直接影响员工关系绩效。组织内信任水平影响员工的行为意图，较高的信任水平能提高员工的工作满意度，促进团队合作，降低员工离职率。然而近年也有研究指出，组织信任与工作绩效的线性关系并非不可撼动，在特定情况下这二者关系较为复杂。Baer、Dhensa-Kahlon、Colquitt、Rodell、Outlaw和Long（2015）基于资源保存理论，构建了被信任感与工作绩效的关系模型。研究对伦敦219位公交车司机的调查发现，被信任感会导致员工的情绪耗竭，而情绪耗竭负向影响工作绩效，所以被信任感对工作绩效而言是一把双刃剑。被信任感会正向影响员工感知到的工作负荷、自豪感和对维持名誉的关注。被信任感反映了一种知觉，即一方愿意承受另一方行为带来的风险和代价。被信任感会增强员工对自己和对工作的自豪感，这种感知有许多认知和情感的好处。同时，这种被信任感也会使员工觉得工作量增加，这意味着员工要做的、要思考的更多，有更多的工作任务，被信任感也会让员工更关注如何维持他们在组织中的名誉。因此，过度的被信任感反而会使员工受其所累，引发更多的情绪耗竭，从而导致工作业绩并没有想象中好。

第二，团队绩效。Dirks（2000）通过对20个高校篮球团队中355位成员（包含教练和球员）的问卷调查，探讨了领导信任与团队绩效之间的关系。研究发现，团队中的领导信任正向影响团队绩效，并且领导信任调节过去的团队绩效与未来的团队绩效之间的关系。领导信任是团队信任的产物和决定因素，团队成员可以感知该团队过去的绩效，并很有可能将其归因于团队领导。之后，团队成员会形成对团队绩效的积极或消极期望。郎淳刚和席酉民（2007）以156位管理人员为样本，研究发现：团队信任对团队决策绩效具有正向影响，对团队内的任务冲突和关系冲突具有负向影响，并且团队信任削弱了关系冲突和任务冲突之间的正相关关系。韦慧民和龙立荣（2009）通过高科技组织59个工作团队的426份上下级配对问卷调查，探讨了员工对团队领导的信任与团队有效性之间的关系及其内在作用机制。研究发现，员工对团队领导的信任可以显著提升团队有效性，这包括团队成员的知识共享行为增加，以及团队绩效的提高；再则，员工对团队领导的信任还可以通过团队的人际公民行为进而提高团队绩效。秦开银、杜荣和李燕（2010）探讨了临时团队的组建、快速信任、知识共享与团队绩效之间的关系，研究发现，临时团队的组建因素分别与知识共享、快速信任正相关，临时团队的知识共享分别与快速信任、团队绩效正相关，知识共享正向调节临时团队的快速信任对团队绩效的正向影响。De Jong 和 Elfring

（2010）对荷兰73个财税咨询团队的565位成员的问卷调查，探讨了团队信任对团队绩效的影响机制。研究发现，团队信任对团队绩效具有正向影响，团队监管和团队合作在这二者之间具有中介作用。程德俊和赵勇（2011）通过158位企业员工样本探讨了高绩效工作系统与企业绩效之间的作用机制，研究发现，高绩效工作系统对企业绩效具有正向影响，组织信任在高绩效工作系统与企业绩效之间具有中介作用，而利用式学习战略对高绩效工作系统与组织信任之间关系具有正向调节作用。在利用式学习战略下，企业追求的首要目标是效率的不断提高，它关注的是如何将员工的现有知识进行有效利用，所以鼓励员工之间相互分享知识、技能及经验，而且可能会采用问题解决小组、质量圈等高绩效人力资源实践。这无疑会增加员工之间的相互沟通，而沟通增加会对组织信任产生积极影响。Schaubroeck、Lam 和 Peng（2011）通过对香港、美国共191个金融服务团队调查，探讨领导风格、组织信任团队绩效之间的关系，研究发现，服务型领导通过情感信任影响团队绩效，而变革型领导通过认知信任影响团队绩效，无论情感信任还是认知信任都对团队绩效具有显著直接影响。王渊（2015）基于71个临时性团队样本，探讨了团队情绪智力、团队快速信任与团队绩效之间的作用机制。研究表明，团队情绪智力对团队快速信任和团队绩效均有显著正向影响，团队快速信任在团队情绪智力与团队绩效之间具有中介作用。团队快速信任是以团队关联和认知为基础的一种特殊的信任，其建立更为快速，同时能有效地控制临时性团队中的脆弱性、风险性和不确定性等问题。它更多的是基于问题和任务，而非传统的人际导向，是集体理解和关系的一种形式。团队快速信任通过影响凝聚性和解决冲突，从而对工作绩效产生积极作用。刘喜怀、葛玉辉和王倩楠（2015）通过对524位高层管理人员的问卷调查，探讨了TMT团队过程、团队信任对决策绩效的影响，研究发现TMT团队信任部分中介内部团队过程和外部团队过程对决策质量和满意度的积极影响。吴方、张宝玲和王济干（2015）运用博弈论对高校创新团队信任机制中的人际信任和制度信任两个阶段进行了探讨，并构建了不同信任机制下的博弈模型来讨论如何提升团队绩效。研究认为，要提高高校创新团队绩效，就必须在人际信任的基础上建立制度信任机制，以达到团队成员之间的有效合作。信任机制作为团队有效管理的基础，在很大程度上制约着创新团队的运行效果和水平，而团队绩效又能赋予信任机制以新的理念和价值，所以信任机制与团队绩效相互依赖、互动共赢。

3. 创新能力

组织信任可以创造良好的组织氛围，这种氛围将从两方面影响员工的创新行为：其一，组织信任可带给员工相当的安全感，这种安全感将减少或抵消未知结果的冲击和影响，员工可藉此主动进行创造性思考，并自觉寻找合适的条件和机会进行创新（Robinson & Stern，1997）；其二，组织信任可为员工带来所需的资源，于是员工将拥有足够的资源进行主动性创新。黄海艳和李乾文（2011）基于35个研发团队496名成员为调查样本，探讨了研发团队人际信任与创新绩效之间的关系，研究发现，研发团队的人际信任对交互记忆系统、创新绩效具有正向影响；交互记忆系统在人际信任与创新绩效之间具有完全中介作用，且交互记忆系统对人际信任的三个维度与创新绩效之间也存在完全中介作用。宋源（2014）通过22个虚拟团队206名成员的问卷调查，探讨了团队信任、团队互动与团队创新之间的关系，研究发现，团队信任对虚拟团队中的合作行为、冲突行为与主动创新行为均有正向影响；虚拟团队中的冲突行为、主动创新行为对团队创新具有正向影响，且这二者在团队信任与团队创新之间具有中介作用。沈勇和何斌（2012）以128位知识型员工为研究对象，探讨了组织内人际信任和组织创新氛围的交互效应对员工创新行为的影响，研究发现组织创新氛围在认知型信任与员工创新行为之间具有正向调节作用，而在关系型信任与员工创新行为之间具有负向调节作用。施建军、王丽和邓宏（2015）基于高阶理论探讨了高管团队信任对创新战略选择的影响，研究对江苏、安徽、北京三地高新技术企业的203名员工分析发现：关系导向信任越强，高管团队越倾向于选择继承式创新战略；工作导向信任越强，高管团队就越倾向于选择颠覆式创新；高管团队异质性正向调节工作导向信任与颠覆式创新之间的关系，负向调节工作导向信任与继承式创新之间的关系，负向调节关系导向信任与颠覆式创新之间的关系，以及正向调节关系导向信任与继承式创新之间的关系。当然，组织信任对创新能力的影响也并不总是积极的。杨建君、杨慧军和马婷（2013）以 199 位股东、董事、高管及少数科研人员为研究对象，探讨了组织内部信任与技术创新模式选择的关系，研究发现大股东与经理人之间的情感信任与突变式创新选择呈倒 U 型关系，即当情感信任处于一定水平以下时才会正向促进经理人的突变式创新选择，而情感信任过高反而会负向影响经理人的突变式创新选择。拥有情感信任的经理人更可能从情感上承诺企业的长远发展，并与企业结成命运共同体，决策时也更关注长远绩效和创新指标，从而倾向于选择创新程度较大、风险较高的突变式创新。另外，研究还发现大股东与经理人之间的认知信任正向影响经理人的渐进式创新的选择。认知信任是一种有条件的、理性的、依赖于一些证据（如财务绩效）去保障的非正式关系，处于这种信任下的经理人更需要证明自己改善企业业绩或财务表现的能力（McAllister，1995）。由于突变式创新可能会导致短期内难以收回投资，这会给企业短期业绩带来困难，所以认知信任下的经理人可能会规避这种创新模式，而选择创新程度较小、业绩保障更大的渐进式创新。

另外，组织信任对创新能力不仅具有直接影响，而且还可能起到调节作用。张秀娥、周荣鑫和王于佳（2012）基于 112 家企业的问卷调查，探讨了创业团队的社会网络、信任对企业创新能力的影响，结果发现，内外部社会网络对企业创新能力具有正向影响；团队成员信任正向调节内部社会网络对企业创新能力的积极影响，但负向调节外部社会网络对企业创新能力的正向影响。团队成员在交换信息和知识时，信任是一种对创新极其有益的竞争优势资源。组织内部信任会提高知识和资源的传递效率，促进分歧与隔阂的解决，进而推动企业不断创新。但是当组织内部过于信任时，他们就倾向于接受外界的积极信息，而不愿意接受消极信息，这可能会阻碍创新能力的进一步提高。杨建君、杨慧军和马婷（2013）探讨了集体主义文化和个人主义文化对技术创新方式选择的影响，研究通过对 173 家企业的调查发现：集体主义文化促进突变式创新，个人主义文化促进渐进式创新；集体主义文化与情感型信任相结合能更好地促进突变式创新，而个人主义文化与认知型信任相结合能更好地促进渐进式创新。集体主义文化组织大多采用自上而下的管控方式，这是不利于组织中信息扩散的，信任的柔性弥补可以有效地促进合作行为，从而使创新在集体主义文化中更容易产生（Hewett & Bearden，2001）。

4. 组织公民行为

组织内部良好的信任关系，可以激发成员对组织产生认同感，由信任带来的认同感则成为促进组织公民行为的源泉。如果员工的认知信任很高，表明员工对其他组织成员或整个组织都相当的熟悉，此时的决策则有利于组织公民行为的产生。Aryee 和 Chen（2002）通过对印度公共组织的 179 名员工和 28 名领导的配对样本的研究发现，组织公平的分配、程序和互动三个维度与组织信任均正相关，但互动公平与组织信任的相关性最强，并且组织公平透过组织信任间接影响了工作满意度、离职意愿和组织承诺。不仅如此，员工对领导的信任完全中介了互动公平对任务绩效和组织公民行为的影响。程德俊和王蓓蓓（2011）通对 165 位企业员工的问卷调查，探讨了组织信任在高绩效工作系统与组织公民行为之间的中介机制，结果发现高绩效工作系统通过认知信任和情感信任间接对组织公民行为产生积极影响，同时认知信任、情感信任与组织公民行为之间的关系受到分配公平感的正向调节作用。陈佳琪和陈忠卫（2014）探讨了人际信任对组织公民行为的影响，研究发现：认知信任和情感信任均正向影响组织公民行为，且情感信任比认知信任对个人指向的组织公民行为具有更强的正向影响，而认知信任比情感信任对组织指向的组织公民行为具有更强的正向影响；工作年限对认知信任与个人指向的组织公民行为及组织指向的组织公民行为的关系具有显著的调节作用。余璇和陈维政（2016）通过 448 个员工样本探讨了整体公平感对工作场所行为（包括组织公民行为和工作偏离行为）的影响，研究发现，整体公平感对组织信任和组织公民行为均具有显著正向影响，组织信任在整体公平感与组织公民行为之间具有完全中介作用，而且组织自尊在整体公平感与组织信任之间具有正向调节作用，这说明组织自尊对内部积极信息线索（即整体公平感）产生了“放大”效应。

此外，组织信任的影响还会延伸到某些特定的组织公民行为，例如近期备受关注的建言行为。人际互动有助于产生信任，而信任是职场友谊的基础。职场友谊具有流动双向性、分享性互换、平等互惠性等特质，是一种令人满意的社会支持网络。当员工充分融入组织的社会网络时，心理安全感就会足够强大，从而摆脱建言的心理“包袱”。陈燕和孙若青（2010）通过对150位外资企业员工的问卷调查，探讨了心理所有权对组织公民行为的影响机制，研究发现心理所有权对组织信任和组织公民行为均具有正向影响，组织信任及其各维度（企业信任、领导信任、同事信任）在心理所有权与组织公民行为之间具有部分中介作用。段锦云和田晓明（2011）通过苏南地区379名企业员工的问卷调查，探讨了组织信任对建言行为的影响，研究发现对同事的信任、对上级的信任和对组织的信任均能促进员工的建言行为，且对上级的信任部分通过对组织的信任影响建言行为。孙健敏、尹奎和李秀凤（2015）基于社会角色理论探讨了同事信任对建言行为的影响，研究发现同事信任对抑制性建言和促进性建言均有正向影响，且预测力没有显著性差异。同事信任是一种对同事行为与行为意图的积极预期，并甘愿承担由此带来风险的心理状态。信任源于可信度感知，可信度是对对方值得信任的主观判断和知觉，它包括能力、善念与正直。此外，卜楠和杜秀芳（2015）通过“决策者—建议者”研究范式，以162名大学生为研究对象，探讨了社会认知复杂性和人际信任对建议采纳的影响。决策者常常会面临建议是否是最佳的不确定性，而减少这种不确定性的一个关键就是信任，信任水平越高，建议在最终决策中的权重也就越大。研究发现，个人的社会认知复杂性不同，建议采纳的程度也不同，且认知复杂性低的个人更易采纳他人的建议。高社会认知复杂性的个人具有较强的自我意识，在面对有不同意见的情境时，他们会有较高的自信，对他人建议的信任也较低。另外研究还发现，人际信任与建议采纳呈正相关关系，且人际信任在社会认知复杂性与建议采纳之间具有部分中介作用。

5. 知识共享

信任能促进知识共享及自愿合作（Kim & Mauborgne，1998），为了达到知识共享目的，人们也必须相互信任（Senge，1997）。张火灿和纪乃文（2004）也认为，组织内部缺乏信任是阻碍知识共享的最主要原因。组织成员之间只有建立了信任关系，才愿意对知识的缺乏和需要开诚布公，并相信他人所提供的知识是正确且有用的。与此同时，知识的提供方也会相信所分享的知识能够得到有效应用。因此，组织信任是知识共享得以顺利进行的重要前提。曹科岩、龙君伟和杨玉浩（2008）通过对285份问卷的分析发现：组织信任对知识共享行为具有正向影响，且透过知识共享行为对组织绩效产生正向影响，即知识共享行为在这两者之间起部分中介作用。赵红丹、彭正龙和梁东（2010）构建了一个组织信任与知识共享的概念模型，通过对504位企业员工的问卷调查分析发现：组织信任正向影响知识共享、领导—成员交换，负向影响心理契约违背；心理契约违背在组织信任和知识共享之间具有部分中介作用，而领导—成员交换对组织信任与知识共享之间的关系具有正向调节作用。张生太和梁娟（2012）以264名员工为研究对象，研究发现，组织政治技能的政治敏锐性、人际影响力、关系拓展力、组织协调力等维度对组织信任、隐性知识共享均有显著正向影响，且组织信任完全中介了组织政治技能和隐性知识共享之间的关系。诸彦含和彭艳（2013）探讨了组织信任与知识共享的作用机理，研究通过对210份员工数据的分析表明：组织信任与心理契约及其子维度（交易型、关系型和发展型）均呈现正向影响；组织信任对知识共享及其子维度（知识贡献与知识获取）均存在正向影响；同时，心理契约在组织信任对知识共享的影响过程中具有完全中介作用。李卫东和刘洪（2014）构建了同事信任通过知识权力丧失和互惠互利影响知识共享意愿的多重中介效应模型，研究对339位研发团队成员的数据分析发现：同事信任对知识共享意愿具有正向影响，知识权力丧失和互惠互利在同事信任与知识共享意愿之间具有部分中介作用。如果同事之间拥有较强的信任关系，则员工主观上会倾向于对同事行为作出积极的判断，从而减少对知识权力丧失的恐惧或担忧。员工同事间的相互信任程度越高，个体对这种互惠互利的信心和预期也会越强。李莹杰、任旭和郝生跃（2015）基于178份有效数据探讨了变革型领导对知识共享的作用机制，研究发现，变革型领导对知识共享具有正向影响，而组织信任和组织沟通在变革型领导与知识共享之间具有部分中介作用。变革型领导通过营造信任的氛围，从而促进组织成员间信任关系的建立和逐步深化。田立法（2015）通过291位员工数据，探讨了员工对高承诺工作系统的感知对知识共享的影响机制，研究发现，高承诺工作系统对知识共享具有正向影响，信任关系在高承诺工作系统与知识共享之间具有部分中介作用，高承诺工作系统能够通过在男性员工中构建信任关系影响知识共享，但无法通过在女性员工中构建信任关系影响其知识共享。

当然，也有研究关注情感信任和认知信任对知识共享的差异性影响。李莹杰、郝生跃和任旭（2015）基于交互记忆系统理论探讨了组织信任对团队知识共享的作用机制，研究通过软件开发团队、高校科研团队等158位成员的分析发现，认知信任和情感信任均对团队知识共享具有正向作用，交互记忆系统在认知信任、情感信任与团队知识共享之间具有部分中介作用。认知信任能够促进团队成员的合作与交流，尤其是在共同解决问题时，有利于促进各自知识、经验和观点的分享；而情感信任有助于各成员之间形成稳定的价值观和情感纽带，在降低知识提供者对分享知识带来的知识贬值风险预期，增强因互惠互助所产生的心理认同和满足感的同时，也将避免知识接受者向别人请教知识而产生暴露自身不足的忧虑感。在任务执行过程中，认知信任使得团队成员相信彼此能够提供给自己准确、可靠和完整的信息，成员将致力于其责任领域的知识学习，而依赖他人进行其他领域知识的检索和利用。成员间建立起情感信任时，他们会更加关注彼此的感受和需要，逐步形成亲密的关系，促进对彼此专长的了解，有利于形成对彼此行为的合理预期并及时作出反应，提高合作效率。初浩楠和廖建桥（2008）基于326份员工的问卷调查分析发现：情感信任对隐性知识共享的影响更显著，而认知信任对显性知识共享的影响更显著。当双方存在情感信任时，彼此更愿意向对方展现个人信息，更愿意交流和共享个人思想及知识。而隐性知识共享以时间密集和个人交往为特征，需要更高水平的情感信任。罗婷、何会涛和彭纪生（2009）探讨了情感信任和认知信任对知识共享行为的差异性影响，研究发现，知识贡献和知识获取受不同类型的组织信任影响。相比情感信任，认知信任对知识获取的正向影响更显著；相比认知信任，情感信任对知识贡献的正向影响更显著。段光、黄彦婷和杨忠（2014）基于社会交换资源理论，探讨了组织信任对知识共享的影响，研究对504位技术研发岗位员工的调查发现：情感信任对知识搜集和知识贡献具有正向影响；认知信任对知识搜集具有正向影响，但对知识贡献无显著作用；知识搜集对知识贡献具有正向影响。

另外，还有研究把组织信任对知识共享的影响拓展到知识转移领域。信任能营造一种和谐的组织氛围，处于一种和谐的企业关系中，彼此之间高频度、深层次的人际沟通将会增强，对知识转移的限制将会减少，非常有利于知识获取和知识吸收的效率提高。高祥宇、卫民堂和李伟（2005）认为，信任对知识转移的影响不仅在于促使人们更愿意参与知识转移，还在于能够使参与知识转移变得更容易。研究运用符号互动理论，从信任对知识转移双方互动影响角度入手，阐述了信任通过以下三种方式使知识转移变得更容易，促使知识转移双方沟通加深、促使提供方划清自己的知识领域以及促进双方积极归因。徐海波和高祥宇（2006）将人际信任对知识转移产生作用的途径（提高知识转移意愿和降低知识转移难度）和方式（直接作用和间接作用）作为两个维度，并认为人际信任是通过四种不同类型的方式来促进知识转移的。员工参与知识转移活动的意愿取决于对参与知识转移活动的风险、代价和预期收益的主观评价。人际信任能够通过影响参与者的心理过程，降低对知识转移所面临的风险和代价，提高参与者感受到的预期收益大小，从而提高参与者知识转移的意愿水平。胡远华和董相苗（2015）从知识转移双方信任视角，探讨了信任对知识转移的作用机理。研究对185位员工的调查分析显示：除了利益认知信任以外，能力认知信任、行为认知信任以及情感信任均对双方的知识转移意愿具有显著影响，而共识认知信任和制度认知信任对知识提供方的转移意愿产生显著影响。组织中的信任可以促进知识转移双方的沟通交流与知识地图的建立，使组织内基础设施（IT技术、管理信息系统和信息数据库等）和组织制度更好地发挥作用，从而提高知识转移双方与任务难度相匹配的能力，于是降低了知识转移的难度。

第二节　组织中合作文献回顾

一　组织中合作的内涵

合作是人类社会得以形成的根基，合作产生的群体力量不是单独个体力量所能比拟的，它也不等于个体力量的简单相加。以往研究主要从两方面对组织中合作进行界定：一方面是社会关系，合作参与者要么从属于同一组织，要么彼此之间交织着某种利益关系；另一方面是实际的共同目标，合作参与者拥有共同的行动目标，认知目标引导着群体成员产生正向的交互行为。此外，合作与心理激励的交互影响也是一个重要的方面，合作是希望他人的行为能超越人性中单纯利己的模式，能与组织成员保持接触、和睦相处。由合作得到的需求满足，除了外在性的物质报酬，还包括合作过程中产生的情感激励。合作成员之间的互相帮助、关爱与社会支持，不仅减少了负面情绪和自尊的丧失，个人也会因合作与其他相关者建立了社会联结，成员之间交往更加紧密。本研究部分总结了有关组织中合作的定义，如表 2－3 所示。

表 2－3　**组织中合作的定义**

学者（年份）	定义
Mead（1934）	合作是一起工作以达成共同目标的行为
Barnard（1938）	合作是两人或更多人活动的功能性系统
Deutsch（1973）	如果参与者的目标彼此间呈现正相关，就有合作状态；如果负相关，就属于竞争状态
Tjosvold（1984，1988）	合作目标关系的四个构面：交换与合并信息、想法及其他资源；给予协助；讨论问题与冲突；彼此支持与鼓励
Argyle（1991）	成功合作团队的行为模式有比较多的协调、帮忙、沟通与分工
Smith，Cannoll & Ashford（1995）	合作过程是经由个人、群体和组织共同互动的结果，并对共同的利益形成认知上的规范关系
叶国熙（2000）	合作是指各独立自主企业彼此互动的关系，而互动形态及其着眼点在于有效率的资源交换与关系维持

续表

学者（年份）	定义
林丽娟（2003）	合作是指两个或以上的组织综合其部分资源于一个特定的组织或活动中，合作双方会有不同的资源贡献及不同的资源获得，如技术、营销能力、融资能力、管理能力、市场知识等

资料来源：本研究整理。

对于如何理解“合作”的概念，Chen、Chen 和 Meindl（1998）提出了三个解释角度：合作的心理动机（Mead，1976），即合作必须是双方具有的一种心态，“为了一个目的而在一起工作的行为”，而不仅仅是一种形式上的行动；合作的社会关系（Deutsch，1973；Tjosvold，1984），由于人与人具有社会依赖性，所以当合作双方的目标一致或具有正向关系时，双方会采取互相帮助和合作的行为；合作的行为决策，它强调双方合作交流的过程与行为，具体行为包括沟通和交换资料信息、相互帮助、鼓励和提供实质性协助等。以往多数研究都从行为决策视角定义组织中的合作，即一个人为了帮助成员执行角色内职责，或与其他成员为了一个共同目标采取的实际行为（Chen，Chen & Meindl，1998），如团队成员共享信息（Brett & Okumura，1998）、在任务中帮助成员的努力展示（Earley，1993）、或面向团队的组织公民行为等（Cohen，2006）。鉴于此，本研究尝试从冲突理论、互动理论、相依理论、界面理论等多视角进行梳理，以有助于更好地把握组织中合作的内涵。

1. 冲突理论

冲突是指在组织中，某个体阻碍到其他个体的需求满足及目标达成，而引起的认知、情感及行为上的反应（秦颖、武春友、王茜，2003）。任务相依性和目标差异性是导致冲突的主要原因。任务的确定和达成天然相互依赖，而组织结构的职能划分却削弱了个体之间的必要沟通，从而导致任务完成的不协调。每个人为达成各自的绩效目标，就可能从自己的局部利益出发制定计划、采取行动，从而无法实现组织预期目标，事后相互推诿抱怨，由此导致组织内部冲突连连。出于冲突对组织正常运作不良影响的考虑，不少人总是希望避免出现冲突，他们往往认为冲突是具有破坏性的，对组织的发展是不利的（Reichers，1986）。而 Dwyer、Schurr 和 Oh（1987）以及 Anderson 和 Narus（1990）则认为，只要处理得当，冲突的结果可以是良性而且是具有建设性的。因此，从组织绩效角度而言，可以将组织中的冲突分为良性冲突（建设性冲突）和恶性冲突（破坏性冲突）两种。良性冲突可以激发组织的内在活力，增进个体之间的交流活动，而冲突的化解对促进合作更是有着积极作用。因此，一个健康的组织必须要保持适度的冲突。组织在制定目标、分配责任的时候，产生冲突是最明显的，而个体之间互敬互让，坦诚交换意见是化解冲突的最好方式，冲突之下达成的共识是合作必须遵守的行为准则。所以管理冲突达到建设性而非破坏性的过程，增进交流与合作，对组织的成功是非常必要的。

2. 互动理论

互动是两功能主体之间的信息流、沟通流、资源流与协调模式（许丽玲，2000）。Shapiro（1977）以及 Mahajan 和 Vakharia（1994）认为，互动源自任务相依性，包括人格特质、角色定位、产品流与信息流等。Sheth 和 Parvatiyar（1995）则认为，互动源自交易原理，部门间互动的目的在于促进部门之间的交易。组织健康的运作离不开主体之间的互动，而合作既是互动的表现形式，也是互动的结果。Kahn（1994）认为“互动过程”包括“互动”与“合作”两项特性，其中“互动”是指正式的文件规定、交换等结构化的工作，“合作”则是指情感性、非正式化、非结构化的工作。Kahn 和 McDonough（1997）建议，运用互动模式（Interaction Mode）作为合作模式，包括沟通、信息交换和合作运作等。此外，Kahn（1994）采用了“情境理论”的观点，探讨了合作与互动的效果。随后，他进一步归纳了合作的意涵，并认为通过互动达成的合作在本质上是结构化的，因为例行会议、传递正式文件都是通过固定的计划、高层主管的命令以及规范活动发生的频率进而管理沟通活动。Appley 和 Winder（1977）与 Schrage（1990）认为，合作具有非结构化、情感的本质，且代表着一种较高层次的相互关系、相互联系。合作的活动是无形的，不容易被规范与管理，如果主体之间缺乏共同努力则难以维持。Kahn（1994）的研究指出互动与合作关系具有结构化、程序化的特点，但忽视了互动与合作主体具有社会化与情感化的本质，在这种单纯的规章制度下的互动与合作无疑是低效的。Appley 和 Winder（1977）与 Schrage（1990）的研究片面地夸大了互动与合作关系的情感化本质，而抛开制度化的互动则使得合作成为无本之木、无源之流。因此，互动应当分为制度化互动和情感化互动两种类型，制度化互动是基础，情感化互动则可以使得跨部门合作更加紧密无间。Li 和 Atuahene-Gima（2001）认为，信息交换、影响力和冲突影响着互动程度，而合作是一个多面向的架构组合。

3. 相依理论

Emerson（1962）从资源交换角度探讨了主体之间的相互依赖性，他指出交换关系的双方，其彼此间的相对权利，来源于彼此间的相对依赖关系，掌握资源的一方，将会被另一方所依赖，同时也享有较高的权利。Thompson（1967）认为职能部门之间有汇集式相依、连续式相依、互惠式相依三种相互依赖的类型。汇集式相依是指某部门先独立运作，随后将其产出与另一部门相结合，对组织的整体目标作出贡献，部门双方的地位是平等的；连续式相依是指部门双方中某一方的产出即为另一方的投入，两部门间呈单向的依赖关系，上游产出的品质将会直接影响到下游的产出结果；互惠式相依是一种以互补共赢为特征的相依关系，它要求协调各方利益，在共赢的理念下各部门紧密地联系在一起。与连续式相依比较，互惠式相依显得更为紧密，但不论是连续式相依还是互惠式相依，与汇集式相依比较，关系密度都更强（Thompson，1967）。从系统的观点来看，任何主体都是组织这个大系统的一个子系统，子系统之间时刻都发生着信息和资源的交换，每个主体都不可能独立于系统之外单独运作。如今的组织经营环境日趋复杂，组织内部的相互依存性也随之增加，所以合作对于组织整体就显得越来越重要。组织完成预定目标离不开合作，而主体达到各自的绩效目标也离不开彼此合作，这种紧密的相依关系注定了合作才是唯一的理性选择。

4. 界面理论

界面管理作为一个新的研究领域，逐渐引起了国内外学者的关注。界面管理意为“交互作用的管理”，其实质就是界面双方进行联结，使重要的界面关系纳入管理状态以实现控制、协作和沟通，使企业绩效最优化

（李鼎、闪四清，1998）。必要的合作是组织成功的关键性因素，Shaw、Shaw 和 Enke（2003）对冲突进行了探讨，并发现了合作关系是基于信任、理解、共同的知识、整合之上的。增加部门界面上的训练、交流、理解，可以消除同僚之间的冲突，促进跨部门合作。界面来源于其并行职能、流程之间的联系和相互作用。由于这些职能、部门、流程处于同等重要的位置，也没有严格的时间、空间前后顺序，因而它们的联系主要表现为横向平行作用关系。为了最大程度地减少或消除横向联系中的摩擦损耗，组织在系统目标指导下实现部门之间以及部门成员之间有效的沟通与合作，以充分利用资源，提高管理绩效。最终消除横向界面存在的问题，必须发挥协商合作精神。任何职能部门都无法将组织涉及的所有职能集于一身，任何形式的交流都不可避免地存留一些信息死角。因此，只有当具有不同专业的职能人员、所有不同的职能部门通力合作，才能突破横向界面的阻隔，保证各集成要素协调匹配，发挥最佳的整体功效。

二　组织中合作的维度结构

在合作性的社会情境下，群体内的个人目标表现为“促进性的相互依赖”，也就是说个人目标与他人目标紧密相关，且一方的目标实现有助于另一方的目标实现（Deutsch，1949）。但在竞争性的社会情境下，群体内的个人目标则体现为“排斥性相互依赖”，虽然个人目标之间紧密联系，但一方的目标实现却阻碍了另一方的目标实现，这是一种消极的相互关系。Deutsch（1949）界定了两种影响目标的行为，即有助于人们完成目标的有效行为（Effective Action）和减少目标完成机会的拙劣行为（Bungling Action）。在合作情境中，其他人的有效行为能促进个人目标实现，可以替代个人的有效行为且有积极价值。拙劣行为没有帮助，也没有替代性且具有消极价值。竞争中的其他人拙劣行为能帮助个人目标实现，对个人有效行为有替代性。如果假设有效行为比拙劣行为更多，Deutsch（1949）提出了如下可能的结果：期望和实际帮助，即在合作中人们预期他人会采取有效行为实施帮助且实际上能有助于他们实现目标，但在竞争中会怀疑他人不会帮助自己，并会阻碍自己实现目标及降低成功概率；沟通和影响，即在合作中沟通是精确的且请求是理所当然的，所以人们会明确问题且相互帮助，但在竞争中人们往往怀疑他人的信息，所以会试图误导对方；任务方向，即在合作中人们划分任务、共同努力，但在竞争中人们只能自己完成，且要全力切断他人可能的干预；友谊和支持，即在合作中人们共同努力形成相互积极的态度，但在竞争中人们彼此讨厌，谈不上建立友谊或相互支持。

由于组织中合作是复杂的、多面向的，并包含情感、行为和绩效等多方面因素，所以在其维度结构上，众学者尚未达成共识。从现有研究来看，少有学者针对组织中合作进行系统研究，本书梳理了若干有关组织中合作的文献（如表2－4所示），以期对后续研究有所启发。

表2－4 **组织中合作的维度结构**

学者（年份）	维度结构	划分角度
Shortell & Zajac（1988）	获利能力、制度化能力	主观
周升聪（1995）	联盟成员满意度、联盟目标达成度	
杨淑媛（2000）	联盟满意度、目标达成度	
李雨师（2001）	合作满意度、目标达成度、获利能力、持续合作意愿	
叶如芳（2002）	运作满意度、关系满意度、目标达成满意度、绩效满意度、增进获利满意度	
卢俊义、程刚（2009）	集体创新、协作进取	
Rahim（2000）	整合行为、折中行为、迁就行为	
Mcgee，Dowling & Megginson（1995）	获利率、销售成长率、资产报酬率	客观
Siguaw，Simpson & Baker（1998）	现金流量、股票权益报酬率、毛利率、企业所获得的净利、投资报酬率、企业成长能力	
Harrigan（1988）	联盟存活率、联盟成功的主观评价、联盟持续时间	主客观
Anderson（1990）	联盟组织情况、联盟学习能力、市场绩效、财务绩效	
Geringer & Hebert（1991）	联盟运作满意度、联盟存活率、联盟稳定性、联盟存续时间	
Bruce，Leverick & Litter（1995）	利润/收益、专案的进度、专案实行的成本控制、产品与当初规划的差异程度、联盟伙伴对维持彼此关系的意愿、顾客对产品的满意程度、合作关系获取之专业技术、成员彼此的目标达成度	

资料来源：本研究整理。

由上述文献梳理可知，对于组织中合作的维度结构，各学者的看法不尽相同，但主要采用主观、客观以及主客观指标作为划分依据。Anderson（1990）认为，合作的维度划分不宜用客观指标，其原因有三：合作的目的或形态不尽相同，故不宜用相同的客观指标加以衡量；合作成果的价值不一定可以量化；成员投入资源不同，纯粹以客观指标来衡量较为不妥。所以，本研究认为组织中合作宜采用主观法划分维度结构并设计测量指标。另外，也有研究认为组织中合作是个多涵义构念，也尝试采用类似概念来替代测量，如将决策承诺替代合作意愿（廖飞、施丽芳、茅宁、丁德明，2012），或者用组织公民行为代替合作行为（Konovsky & Organ，1996）。

三　组织中合作的影响因素

1. 个人因素

以往研究关注组织中合作的个人影响因素，主要包括集体主义与个人主义价值观、权力距离导向、合作动机、非理性或有限理性偏好、个人识别度、身份确认、共同责任、群体认同等。

第一，集体主义与个人主义价值观。一个人的文化价值观会影响人们彼此间的合作吗？有关合作的影响因素，以往有研究尝试从文化价值观切入，其中集体主义和个人主义最受关注。个人主义和集体主义在广义上定义为一种文化结构，它反映了社会中人们为实现集体目标而共同努力的程度（Hofstede，2001）。也有研究认为它属于一种人格特质（Chatman & Barsade，1995；Earley，1989；Probst，Carnevale & Triandis，1999），甚至将其视为一种组织结构（Erez & Somech，1996；Gómez 等，2000；Tjosvold，1983）。集体主义关注群体利益胜过个人利益，个人主义则认为个人利益高于一切。对于集体主义者，他们在关注群体福祉的过程中，为有益于群体合作作出贡献，并忽略这些努力可能对个人的不利影响（Spence，1985；Wagner，1995）。对于个人主义者而言，合作会导致个人资源的减少，而这些资源可用于满足个人需求，此时他们把注意力更多地放在个人利益上。以往研究表明，集体主义者在群体中倾向于选择合作，特别是工作团队中有亲密伙伴时（Earley，

1993），而个人主义者则表现出明显的回避合作倾向（Gabrenya，Wang & Ben-Yossef，1985）。Probst、Carnevale 和 Triandis（1999）评估了人的文化特征，然后将这些特征与社会困境中的合作联系起来。社会困境是彼此依赖的人需要选择合作（集体利益）还是不合作（个人利益）的情境。以往研究发现，群体间囚徒困境（IPD）选择合作的人数是囚徒困境（PD）中的两倍（Bornstein & Ben-Yossef，1994）。该研究在此基础上，补充了文化价值观对合作的影响，其中最大的文化差异可能就在个人主义和集体主义。Leung 和 Bond（1984）发现，与美国相比，中国的集体主义者往往能放弃个人利益而帮助组织成员。Chan、Triandis、Carnevale、Tam 和 Bond（1997）发现，比起美国人，香港人在选择合作伙伴时倾向于熟人，与陌生人合作较少。此外，研究还设计了一项实验研究，研究发现文化特征与困境类型对合作具有交互作用。例如比起单个群体困境，多群体社会困境中的人们合作频率更高，但仅适用于垂直个体主义者；垂直个人主义者在单一群体困境中合作最少，但在群体困境中合作更多，此时和群体的合作使个人利益最大化；垂直集体主义者在单一群体困境中最愿意合作，但在群体困境中合作较少，此时群体叛逃导致群体利益最大；水平个人主义者和水平集体主义者均表现出中等水平的合作，单一群体和群体困境之间的合作没有差异。Marcus 和 Le（2013）通过元分析检验了个人主义—集体主义价值观对合作的影响。自我解释理论认为，集体主义者强调环境中的和谐与集体的联系（Markus & Kitayama，1991）。具有独立自我意识的个人，在决定如何表达或维护其个人属性后，会对环境作出反应（Markus & Kitayama，1991）。在集体主义文化情境下，集体主义者之间的合作会自动匹配他人以适应总体规范系统，而个人主义者不太可能接受这种规范系统。因此，在集体主义文化情境下，集体主义者之间的合作差异要比在个人主义文化情境下的差异要小。Chatman 和 Barsade（1995）根据一致性理论（Congruence Theory），比较了性格与文化情境在匹配和不匹配情况下的合作行为。研究评估参与者的合作倾向，并将他们随机分配到集体主义文化或个人主义文化的团队中。研究发现，高合作倾向的参与者在集体主义文化中是最为合作的，而低合作倾向的参与者在个人主义文化中是最不合作的。高合作倾向的参与者在集体主义文化中比在个人主义文化的团队中表现出更强的合作行为，而低合作倾向的参与者缺乏合作行为，且在这两种文化情境中的差异较小。

第二，权力距离导向。根据相似—吸引范式（Byrne，1971），个人背景相似的人更倾向于分享生活经验，交流沟通也更为频繁（Brewer & Kramer，1986；Tajfel & Turner，1979）。所以，团队中有类似人口学特征和文化特征的成员更可能感受到彼此的合作意向。由于员工会花费时间与团队内成员互动（Moreland & Levine，2001），对自己所处的团队也更熟悉、更有吸引力（Moreland & Beach，1992），所以员工可能对团队成员表现出更多的合作意愿。Loh、Smith 和 Restubog（2010）探讨了文化背景（澳大利亚与新加坡）以及工作团队、组织状态之间的互动，如何影响工作场所的信任与合作。新加坡具有高权力距离文化，人们习惯处于严格分化的官僚制组织结构中，更尊重组织中的权威（Hofstede，1980，1991），于是更可能将领导视为组织内值得信任和合作的人。相比之下，澳大利亚拥有低权力距离文化，人们敢于质疑上级权威的合法性。与新加坡人相比，澳大利亚人更愿意与同事相互信任和合作。

第三，合作动机。王战平、何文瑾和谭春辉（2020）根据扎根理论探讨了虚拟学术社区中科研人员合作动机的演化机制。研究对小木虫虚拟学术社区进行数据采集，利用质性分析进行开放性、主轴和选择性编码，并据此构建虚拟学术社区科研人员合作动机演变模型。研究结果显示，虚拟学术社区科研人员合作动机包括声誉动机、互惠动机、功利动机、利他动机、自我实现动机、社交动机、享乐动机、探索动机、自我展示动机和用户认知动机，社区成员合作动机的强弱直接成为影响其合作行为的关键因素。研究发现，用户的初期动机主要是功利动机，而在中期自我实现动机成为主要动机，在后期利他动机成为主要动机。相较于初级用户功利动机明显强于其他四种动机，高级用户的利他动机占比相较于中级用户以及初级用户来说最高，这表明高级用户受自身责任、经验以及对社区的归属感的影响，对社区中其他用户给予了最多的应助和回帖。另外，研究发现用户认知动机和探索动机的强弱与用户等级没有明显关系。再则，喜新厌旧作为人类天性，也会体现在社会交往与合作之中。团队持续合作会产生“厌旧”效应驱使合作衰减，而重新给予合作机会则会推动合作回升，其中“喜新”效应可能发挥作用。汪敏达和李建标（2019）基于认知神经科学视角，通过反应时间检验了喜新厌旧效应，提出了经验记忆和互惠影响喜新效应强度和动态的假说，并通过时段不确定设置、人造经验设置和休息设置等实验进行对比分析。个人在团队中合作的衰减和重启确实存在由新鲜感降低和重新引入造成的影响。反应时间数据支持了喜新厌旧效应的存在，当团队任务重复多个时段时的反应时间显著更短，被试在重启以后的早些时段的反应时间更长。人为造成的较低合作经验会明显地影响实验重启后的合作，简单模仿过去经验似乎暗示着参与者存在可能重现历史的信念。从个体动因来看，过去的合作经验明显影响了新开始以后的合作水平，而个人也仍然会根据他人合作水平进行调整。所以，经验决定了喜新刺激下的回升水平，而互惠进一步决定了回升之后再次厌旧的趋势。

第四，非理性或有限理性偏好。团队成员所表现的不同预期，必然会导致其行为产生差异。随着外界环境的不断变化，成员的心理偏差也在不断调整。存在于人类自身的非理性特征为合作研究开辟了新视角，也就是在多变的环境中，团队成员在面对不确定性所表现的非理性预期，将会对团队合作产生怎样的影响呢？王健和庄新田（2009）在考虑团队成员非理性预期的条件下，构建合作模型探讨各成员的博弈行为、团队价值以及团队监督，并分析了非理性预期对团队合作的动态影响。结果表明，在面对不确定性的未来时，过度预期的团队成员会增加合作的道德风险，使团队绩效降低；保守预期的团队成员则能减少合作的道德风险，提升团队合作的价值。随着工作经验不断丰富化，团队成员的选择决策将逐渐趋于理性，非理性预期对团队合作的影响会削弱。再则，经济利益并非是合作的唯一影响因素，社会偏好（如互惠和利他偏好等）等有限理性预期也是影响合作的重要因素（Becker，1974；Samuelson，1993）。韩姣杰、周国华和李延来（2014）建立了一个项目团队多主体合作模型，探讨互惠和利他偏好对团队成员最优合作努力和生产努力的影响。研究发现存在一个互惠偏好临界值，使得当团队成员的互惠偏好程度低于临界值时，提高互惠和利他偏好能促进团队成员合作，同时互惠和利他偏好对团队合作的影响具有交互促进作用。多主体项目团队成员之间通常缺乏良好的信任基础。在互惠度较低时，特别是那些很难从合作获得回报的关键成员，领导应该通过多种激励方式鼓励团队内部建立起良好的社会关系，从而提高团队成员的利他动机。在互惠度较高时，利他偏好对团队绩效的影响就极为有限了，领导这时应当着重培养团队的互惠偏好，从而提升团队成员之间的合作行为。

第五，个人识别度。以往研究发现，增加一项任务的工人数量，会降低个人对工作任务的平均投入（Kerr & Bruun，1981；Latane，Williams & Harkins，1979；Petty，Harkins & Williams，1980），这是由于游手好闲所导致的。Ingham、Levinger、Graves 和 Peckham（1974）认为，这种游手好闲不仅是由协同困难所导致的，其中可能还有个人动机的原因。一些研究发现，这种协同导致任务绩效降低会受到个人识别度的影响，或被称为可观察性（Observability）、匿名性（Anonymity）、可问责性（Accountability）和任务可见性（Task Visibility）。个人识别度会在一定程度上掩饰行为人，就像搭便车一样掩饰了群体中的游手好闲，于是导致合作水平下滑。所以，拥有高个人识别性的成员会比那些拥有低个人识别性的成员更愿意参与合作（Iii，1995）。

第六，身份确认。身份确认是指存在一种个人的社会环境与自我认同相一致的状态。不管团队成员的身份是基于个人的（如个人特征或能力），还是基于社会的（如不同的成员身份或角色），人们具备这种身份以管理控制他们的身份，是为了寻求同事对其身份的支持和认同（Lecky，1945），即使这种身份可能是负面的（Swann，1987）。Milton 和 Westphal（2005）基于社会心理和网络理论探讨了身份确认与工作团队合作、绩效之间的关系。研究发现，确认身份（肯定或否定身份）可以加强团队内合作，身份确认网络的结构等特性也能促进合作，身份确认网络的有利地位能透过高水平合作提高绩效水平。在工作团队中，有效管理身份确认的组织可以更好地实现团队内部合作，当员工努力与组织目标相一致时，工作绩效也将随之提升。

第七，共同责任。共同责任反映了某个人体验到的个人责任感的变化，这种体验是由于其他成员的存在才产生的（Darley & Latane，1968；

Kerr & Bruun，1983；Sweeney，1973）。在高水平的共同责任下，个人可能期望其他人接受大部分或全部对团队绩效的责任。知觉个人责任小的成员可能觉得自己是可有可无的，他们也相信即便是没有他们的个人投入，预期团队也能获得成功（Weldon & Mustari，1988）。相反，如果共同责任较低，成员就保留着个人责任感和义务感，他们会倾向于认为自己担负着群体成败的责任。所以，共同责任会影响到团队成员的合作决策，如果个人觉得共同责任较低，那么他们更倾向于采取合作。

第八，群体认同。Chen、Chen 和 Meindl（1998）认为，文化情境是决定个人工具性动机和表达性动机的决定因素之一。以往研究认为，群体认同是诱导合作形成的有效机制（Aram，1993；Dawes，Van & Orbell，1988），而且更多的属于表达性因素。一个新的群体认同的形成和影响取决于它与现存的自我认同之间的关系。对于集体主义者而言，社会认同相对于个人认同更加突出，但对个人主义者就正好相反。新的群体认同要对合作产生积极影响，就必须加强和补充当前突出的自我认同。这就意味着，对于个人主义者，新的群体认同应当增强个人认同和理性自我利益；对于集体主义者，新的群体身份应当增强其所在的集体利益。在个人主义文化中，当新的群体认同增强了个人认同时，合作行为就会增加，而在集体主义文化中，新的群体认同补充现存的群体认同时，合作行为就会增加。

2. 情境因素

生活中存在大量具有复杂动机的冲突，而合作是有效解决冲突的方式之一，确定哪些情境因素能促进合作是非常重要的。以往研究探讨组织中合作的情境因素，主要从交流方式、冲突与竞争、社会网络、目标特征、贡献识别、薪酬分配、团队规模、惩罚形式等方面展开。

第一，交流方式。以往研究认为，伙伴之间的沟通交流可以增强合作（Braver & Wilson，1986；Chen & Komorita，1994；Dawes，McTavish & Shaklee，1977；Lindskold，1978；Michael & Axelrod，1984）。面对面交流是促进合作的一种重要方式。参与者在视觉交流时会培养默契，一些非语言信息在面对面交流时才能被有效地发现和传递。面对面接触会促进和谐关系发展，从而促进在谈判中的合作产生。Drolet 和 Morris

(2000) 的研究发现，相对于肩并肩站着，谈判者之间面对面站着的组合更容易在谈判初期就达成和解，从而带来双方更高的共同收益。该研究还发现，相对于电话交谈，参与者之间面对面交谈的组合更能获得有效协调结果。再则，部分沟通（Chen & Komorita，1994；Voissem & Sistrunk，1971；Wichman，1970）是指通过受约束的模式交换信息，如仅限音频、仅限视觉或仅限书面信息。部分交流的特点是情境简单，能避免在面对面交流中额外理解隐含的意义和意图（McGrath & Hollingshead，1994；Siegel，Kiesler & McGuire，1986）。在集体主义文化中，人们需要更多的社会和情感线索来建立或表示特殊关系，这时语境就显得尤为重要，无论是传达自己的意思还是推断他人的意思。因此，在集体主义文化中面对面交流比在个人主义文化中更能激发合作（Chen，Chen & Meindl，1998）。个人主义文化则更关心沟通的效率以完成工作，这时人们在交流中更注重语言、直接和发送者（Gudykunst & Ting-Toomey，1988），他们通过中介渠道表达或征求关于欲望、关注和偏好的信息。因此，在个人主义文化中部分沟通比在集体主义文化中更能激发合作（Chen，Chen & Meindl，1998）。

第二，冲突与竞争。在合作性情境下个体间积极的相互依赖会产生促进性互动，在竞争性情境下个体间消极的相互依赖会产生阻抗性互动（Johnson，Johnson & Tjosvold，1998）。卢俊义和程刚（2009）根据229份创业成员的问卷调查，探索了创业团队中的认知冲突与公司绩效的关系，研究发现内部认知冲突正向影响合作行为和公司绩效，且透过合作行为间接影响公司绩效。创业团队内合作行为包括集体创新和协作进取两个因子。认知冲突可以使人仔细检查和深入思考，能促进学习和创新思想的发展。当参与者与他人发生一定程度的冲突时，他的思考过程更加灵活，解决问题也更具创造性。创业团队内部的认知冲突有助于利用团队智慧，在复杂的商业竞争环境下作出正确决策。再则，认知冲突鼓励对备选决策的评估，同时激励团队成员勇于奉献。当团队成员为观点而辩论时，这实际上就是对决策制定过程的投入。认知冲突增加了成员之间的情感接受，对其他成员的看法给予真诚的考虑，合作之情也就基于此得以建立。严杰、刘人境和徐搏（2015）引入合作与竞争关系和组织内部人员调动，分析了成员之间的竞争强度和组织内部人员调动对组织学习的影响。学习行为会受到组织情境的影响，不同的学习情境会影响成员的心理过程和互动方式。在合作性情境中，个体的学习行为倾向于互动性学习，即合作性学习；在竞争性组织情境中，个体的学习行为倾向于阻抗性学习，即竞争性学习。Pillutla 和 Chen（1999）认为与非经济决策相比，人们在涉及经济决策的社会困境中会表现得更具竞争性。当人们看到别人之前选择竞争时，他们就会更愿意选择竞争；当别人之前选择合作时，他们就会更愿意选择合作。如果他人的行为与自己的预期一致，那么这种行为（合作或竞争）不会影响后续行为。Ledyard（1995）认为，在决策之前合作和交流的边际人均收益增加是影响合作产生的两个最强要素。在社会困境中，人们的贡献取决于他们对群体中其他人贡献的预期（Pruitt & Kimmel，1977），也就是当人们期望别人作出更多合作贡献时，他们就会作出更多的合作贡献。

第三，社会网络。社会网络是组织成员获取精准知识、信息与互补资源的重要渠道与通路，以往研究支持了社会网络对合作的促进作用。王丽平和何亚蓉（2016）以资源依赖、合作创新和嵌入性理论为基础，将交互能力和网络关系强度融入互补性资源对合作创新关系模型之中。研究通过 375 位创新型企业员工的问卷调查发现，互补性资源对合作创新具有正向影响，而交互能力在互补性资源与合作创新之间具有中介作用，网络关系强度对交互能力与合作创新之间关系具有正向调节作用，并且在互补性资源和合作创新之间也具有正向调节作用。互补性资源是指由合作伙伴提供的彼此所需且具有独特性的资源和技术，它能弥补组织内部所缺乏的资源、知识和能力，建立竞争优势，降低创新风险，缩短创新周期，从而提升合作创新水平。交互能力则有利于构建组织与其他网络主体间的良好互动，有助于灵活协调和信息分享，进而高效便捷地获得发展所需的互补性资源，促进合作创新水平提升。宋晶、孙永磊和陈劲（2017）通过对高新技术企业 251 位员工的问卷调查，探讨了网络惯例与合作创新绩效的关系，研究发现合作成员之间行为默契度与合作创新绩效存在倒 U 型关系，规范接受程度正向影响合作创新绩效，以追逐利益为主的促进定向正向促进创新性合作氛围的塑造，有利于增强网络惯例对合作创新绩效的积极影响。网络惯例是网络成员普遍认同的规范共识，是在互动过程中形成的创新行为模式。相对稳定的网络惯例可以提升成员之间的关系稳定性和合作满意度，提高合作创新效率，进而提升合作创新绩效。行为默契有助于网络稳定运行，降低交易成本，提高合作创新效率，而规范共识有助于网络成员在事实规则之下建立并维持组织间关系，减少机会主义和逆向选择等风险。王崇锋、孟星辰和晁艺璇（2018）基于创新网络视角，以船舶产业专利数据为样本，探究“明星”创新团体以及信息冗余程度对团队间合作的影响。网络中心性（Network Centralization）是对网络内个体中心性的延伸，它描述了一个网络集中在某些“明星”成员周围的程度，这些“明星”成员与其他成员存在高质量的密切联系，以及描述了最高中心性的明星成员如何与其他次中心性的明星成员进行关联。在合作创新网络中，程度中心性会对团队间合作产生正向影响。程度中心性（Degree Centralization）是对网络中连接分布差异程度和网络集中趋势的描述，即整个网络的内聚性在多大程度上围绕某些特定的点。网络的程度中心性越高，意味着网络中成员之间程度中心性差异越明显，即存在具有较高程度中心性的明星成员的程度较大。随着高频率的信息交互，不同团队中的明星成员可能会形成认知捷径，团队间的边界感会被逐渐削弱，不同团队趋于融合。在合作创新网络中，中介中心性会对团队间的合作产生正向影响。中介中心性（Betweenness Centralization）是指网络中核心节点对非核心节点的控制能力，即网络围绕核心节点的聚集程度。网络中的中介中心性越高，意味着存在较高中介中心性的明星成员的程度较大。由于中介中心性较高，不同团队的高中介中心性明星成员间会进行密切交流，从而增强全局网络的联系，表现为网络内的团队边界会逐渐淡化，团队内与团队外的连接越来越频繁。

第四，目标特征。工具性动机的目的是提高物质和生活幸福，而表达性动机的目的是提供人类的生存意义。研究认为文化情境是决定个人工具性动机和表达性动机的决定因素之一，同时这两种动机又是造成个人主义和集体主义差异的重要原因。在个人主义情境中，如果一个人的合作策略不能被证明有利于个人利益时，个人主义者会认为自己是个

"傻瓜"。与之相反，集体主义情境鼓励个人去设想与集体目标相联系或相一致。集体主义者更强调团队中各方的共同目标，甚至在集体主义者看来，个人的理性选择是不道德的。因此，在个人主义文化中，目标相依性更有利于团队内部产生合作；而在集体主义文化中，目标共享性将更有利于促进合作的发生（Chen，Chen & Meindl，1998）。刘颖、张正堂和王亚蓓（2012）通过 2 ×2（ ×2）混合实验，探讨了任务互依性对团队成员合作的影响。研究发现，任务互依性对成员合作具有正向影响，这是因为高任务互依性成员在执行工作时相互影响程度高，这也创造了一种"合作需求"。

第五，贡献识别。贡献识别是指个人对团队的贡献在多大程度上是可识别的（Chen，Chen & Meindl，1998）。以往研究认为，贡献识别在促进合作或减少"搭便车"上具有积极作用（Latane，Kipling & Stephen，1979；Tetlock，1983；Vancouver & Ilgen，1989）。Chen、Chen 和 Meindl（1998）认为，个人主义者和集体主义者对不同类型的职责识别的反应是存在差异的。个人导向的职责识别可以增强个人主义者的自我形象，并可能增加其行为的工具性动机。相比之下，集体导向的职责识别会激发集体主义者的群体意识，他们不仅要对自己的行为负责，而且还要对他人的行为负责。因此，在个人主义情境中，个人导向的贡献识别对促进团队内部合作更有效，而在集体主义情境中，集体导向的贡献识别对促进团队内部合作更有效。另外，加强团队合作还可以通过正式或明确的规则，即合同或价值社会化规范等。集体主义文化情境比个人主义文化情境对行为一致性的要求更高（Bond & Smith，1996），它更依赖于社会控制而不是契约控制（Ouchi，1979）。因此，在个人主义文化情境下，明确的合作规则会更有效地促进团队内部合作，而在集体主义文化情境下社会压力会更有效地促进团队内部合作。

第六，薪酬分配。一般而言，个人主义者更倾向于公平原则，即薪酬与个人贡献成比例。个人理性包含了这样一种信念，即当共同努力的参与者能按照各自贡献的比例获益时，绩效和生产率将会提高（Lee & Mowday，1987），它同时满足了个人主义者的工具性动机和表达性动机。对于集体主义者而言，薪酬差别扩大会促使个人为了自身利益而工作，甚至可能牺牲集体利益。此外，奖励扩大可能会拉开群体成员之间的地位差异（Kernis & Reis，1984），潜在地威胁群体内部和谐（Leung，1988）。再则，个人主义者和集体主义者的分配偏好可能会因组织目标进行不断调整（Chen，1995；Meindl，1989）。集体主义者的薪酬分配偏好可能取决于合作关系的性质。当与陌生人互动时，他们认为不会有长期联系，这时考虑的是获得公平回报。但是希望可以与之长期互动时，集体主义者会愿意为了另一方的利益而在公平上妥协，从而开启一个互惠循环。因此，在个人主义文化中，不管是长期还是短期的工作任务，基于公平的薪酬分配制度均与合作正相关；在集体主义文化中，基于公平的薪酬分配制度在短期工作中与合作呈正相关，而基于公平的激励制度与长期合作关系呈正相关（Chen，Chen & Meindl，1998）。另外，刘颖、张正堂和王亚蓓（2012）混合实验证实了预算式一次分配与合作型二次分配相匹配，以及锦标赛式一次分配与竞争型二次分配相匹配，会导致更高的成员合作水平。在合作性情境中，成员收益的增加有赖于其他成员绩效的提高，成员需要与他人合作以获取奖励，所以合作性情境有助于激励成员合作。团队薪酬依据团队绩效向成员支付报酬，使成员间薪酬正相关，这就相当于向成员传递了“合作性情境”的信号。

第七，团队规模。以往研究认为，团队规模越大，提供“公共产品”就越困难，合作可能性就越低（Hlessick，1973；Olson，1965）。Olson（1965）曾经尝试去了解社会单位如何才能最好地促进合作，以及如何有效地控制搭便车行为，以确保公共产品的持续供应。当团队规模越来越大，搭便车行为就越容易隐藏，从而消除了人们对惩罚的恐惧。所以，团队规模会影响合作决策，小规模团队的成员比大规模团队的成员更愿意合作（Iii，1995）。Bonacich、Shure、Kahan 和 Meeker（1976）却认为，合作并不一定随着团队规模变大而减少，这个过程受到群体导向和个人导向的影响。该研究确定了 9 种群体规模、个人与群体收益结构参数变化模式，并描述了群体规模影响公共产品、提供合作的九种不同方式，最后证实了在各种情境组合下，合作可能随着团队规模变化，既有增加也有减少的情况。

第八，惩罚与规范。在一个社会两难情境中，不同的惩罚形式对组织成员的合作和人际信任的影响存在差异，且社会批评的惩罚效力大于金钱（王沛、陈莉，2011）。惩罚规则可被理解为组织决策层含蓄地传达一种信息，即不信任成员会自觉合作，这种提示大大降低了个人对他人合作的预期。Mulder、vanDijk、DeCremer 和 Wilke（2006）也认为，惩罚会削弱合作的内部动机，从而导致合作水平下降。群体中成员之间的关系是相互的，个人行为不仅仅依赖于自己的行为决策，同时也依赖于对其他成员的行为预期。惩罚系统会增加个人对他人合作的信任程度，也就是相信其他人可能为规避惩罚而采取合作态度。因此，惩罚激发的人际信任可以促进组织成员合作，且这种促进效用不仅是直接的，而且会透过人际信任加强合作。魏光兴和张舒（2017）基于行为博弈论探讨了公平偏好、同事压力、群体规范与团队合作之间的联系，研究分析了群体规范是如何通过同事压力约束和促进团队合作的，以及如何调整公平偏好强度和群体规范预期实现团队合作。研究发现，公平偏好会自发地形成内部同事压力。在公平偏好情境下，即使付出成本也要惩罚搭便车者，此时同事惩罚会通过公平偏好形成外部同事压力。较强的内部同事压力和外部同事压力在合作预期较高的群体规范中能产生团队合作。而当公平偏好情境较弱、实施同事惩罚的成本太高或者群体规范合作预期较低时，搭便车行为将成为团队内部的主导。研究为团队精神培养途径提供了经济学理论基础，从而为团队激励机制设计提供了决策参考。

第九，决策框架。框架效应（Framing Effect）是指由于对某一问题的描述方式存在差异，于是导致个人偏好发生变换的一种现象（Tversky & Kahneman，1981）。郑君君、蔡明、李诚志和邵聪（2017）基于解释水平理论观点探讨了决策框架与心理距离对个体间合作行为的影响。研究通过采取 2（给予型框架、索取型框架）×2（心理距离近、远）的实验设计发现决策框架与心理距离均会影响个体间合作行为。其中，给予型框架比索取型框架更有利于合作的产生，且个体在心理距离（时间距离、空间距离、社会距离）越近时的合作意愿更高。另外，研究还发现心理距离较远时，个体对决策问题的解释水平更高，决策的框架效应会增强。此时，个体更关注具体、复杂的信息，并运用分析式加工方式处理框架信息，这将会减弱框架效应所造成的影响。当心理距离较近时，个体对决策问题的解释水平更低，决策的框架效应会减弱。此时，个体更关注抽象的、本质的信息，且倾向于运用整体式加工方式，这会在一定程度上加强框架效应。

3. 领导因素

领导作为组织的代言人，其一言一行对员工的态度和行为具有深远影响（陈志霞、汪洪艳，2015）。以往研究探讨组织中合作的领导因素，主要从领导风格、领导情绪和领导行为三个方面展开。

第一，领导风格。领导风格是领导在长期的实践和经验上的总结，并通过深入研究分析后所形成的独特的习惯化的领导方式（Oberfield，2014）。以往研究证实了变革型领导、真实型领导、伦理型领导对组织内部合作的影响。李超平（2014）通过 74 个团队 471 位员工的问卷调查发现，变革型领导的愿景激励、个性化关怀、德行垂范等维度正向影响团队内合作，且透过团队内合作影响团队满意度和团队绩效。其中，愿景激励能勾画出清晰的愿景，让追随者明确努力的方向，于是为了共同的方向与目标表现出合作行为；德行垂范可以树立良好的榜样，公平公正地对待追随者，于是激发追随者实施更多的合作行为；追随者在受到领导的个性化关怀后，就更可能去关心团队成员，进而推动团队内部的合作行为。变革型领导对团队内合作具有积极影响，内部合作越频繁，就越能充分发挥团队优势，产生积极的协同效应。李爱梅和肖晨洁（2018）尝试探究真实型领导对员工合作行为选择的影响，以扩展在冲突情境下员工选择合作行为的个人前因研究，同时还探讨了组织公平在真实型领导作用于员工合作性行为过程中的桥梁作用。研究认为，真实型领导会促进员工在冲突情境下采取整合、迁就和折中等合作行为。在应对冲突的时候，员工既有可能选择合作性的处理行为，也有可能选择固执的自我肯定性处理行为，这通常取决于员工的出发点是更关心自己还是更关心他人。根据社会交换理论，员工是否选择更关心他人的合作性行为，取决于他是否在组织中感受到来自领导、同事和员工的关心，从交换的角度给予合作的心理和行为反馈。由于真实型领导擅长表现真实的自我，不会因为领导地位而尽力塑造领导形象或人格面貌，所以真实型领导更能与员工形成坦诚的沟通与互动，更容易让员工感受到上下级互动之间的平等，也让员工更有信心表达自己的不同意见，并相信领导在接收意见后会给予积极反馈。另外，研究还发现真实型领导通过组织公平进一步促进员工整合、迁就和折中等合作行为。真实型领导重视自己的正面心理能力，提高自己的自知程度、自己与组织成员坦诚交往的程度，在分配、程序和互动过程中与员工之间的关系相对透明，从而提升了组织成员对组织公平的感知，并由此促进了组织成员的合作行为。李金生和张迪（2018）探讨了核心企业伦理型领导风格对非核心企业行为、态度以及合作创新绩效的影响。伦理型领导风格分为道德公平、角色界定、权力分享等三个维度（De Hoogh & Den Hartog，2008）。随着外部交流越来越频繁，在创新网络中处于核心地位的企业，通过发挥影响力、控制力和引领力协调各方关系，进而对投入产出效率、关系质量和网络整体绩效产生积极影响。核心企业领导对伦理道德的崇尚度也会影响非核心企业的伦理意识与行为，进而影响整个创新网络的合作关系与创新绩效。研究还发现了心理距离的负向调节作用，它可以疏远核心企业与非核心企业关系，破坏核心企业与非核心企业的心理契约，不利于非核心企业产生支持感。心理距离反映了网络成员在企业文化、管理制度、商业优势、区域位置等方面的差异，当差异较大时容易导致成员兼容问题，引发矛盾与冲突，使非核心企业不能准确理解合作目标，降低了成员对合作创新网络及合作目标的认同度。与此同时，心理距离会增加成员信息交换成本，降低成员企业知识共享意愿，不利于建立稳定且相互信任的合作关系。朱莺（2012）通过对浙江省 164 家小企业的分析，探讨了领导风格对小企业创新的影响机制，研究发现任务导向型领导和关系导向型领导均对小企业集体创新具有积极影响，而员工合作行为在这二者之间具有中介作用。合作伙伴应怀有一种双赢心态，其特点就是双方开诚布公、积极倾听并理解各方。良好的合作反映了人们为共同利益一起工作的能力，合作伙伴之间理解对方的禀赋、思想和感情，这种相互理解是创造、维持和增强集体创新的源泉。关系导向型领导尊重员工的思想和感情，并努力与之建立信任关系，在重大事件上领导一般会聆听员工的意见。关系导向型领导倾向于增加团队内部合作，重视团队协作，提高员工的工作满意度及对组织的认同感。任务导向型领导强调工作重要性，给员工分配任务，要求员工遵循标准的程序和规则。他们能在其员工中创造以任务为核心的合作，这种合作同样能促进企业创新活动的增加。不过，任务导向型领导和关系导向型领导所建立的合作是不同的，前者是通过协调和发起建立的功能型协作，而后者是自发形成的关系型协作。

第二，领导情绪。杨琛和李建标（2017）从“面子压力”这一独特的中国文化视角，探讨了差序式关系中领导负面情绪对员工合作的影响，结果表明领导的负面情绪与员工合作显著正相关，员工“怕掉面子”压力对领导的负面情绪与员工合作之间的关系具有部分中介作用。相对于“外人”员工而言，“自己人”员工在领导生气时感受到的面子压力更大，他们更倾向于提高合作程度。领导对组织及其员工的绩效会产生深远影响，而情绪在领导与员工的相互作用中扮演着重要的角色，所以领导的情绪表达会潜移默化地影响员工的感知和行为。然而在管理实践中，一些领导者偏向于采用高兴情绪来促进员工合作，另一些则通过生气来威胁和激发员工合作。到底哪种情绪更加有效，目前尚未形成定论。高培霞和李常洪（2015）则采用实验室模拟“社会困境”，通过录像视频展现“领导”情绪表达（愉悦和悲伤），探讨领导的情绪表达和自我牺牲行为对员工合作行为的影响。研究发现，领导的悲伤情绪表达和自我牺牲行为对员工的合作行为（公共物品博弈中捐献资金数量）具有正向促进作用。积极情绪的领导会使员工同步体验到更多的积极情绪和积极的团队氛围，在团队任务中就表现为更高的协同性和更好的战略创意。领导的自我牺牲行为则可以增加员工信任，提高团队归属感，激发员工以集体和组织利益为重，调动员工的积极情绪来促进合作性表达对于员工合作行为的影响。另外，研究还发现领导的情绪伴随自我牺牲行为，可能会以不同的路径影响员工的合作行为，如仅在领导表现愉悦情绪时，自我牺牲行为对员工的合作行为具有正向效应。

第三，领导行为。马卫华、程巧和薛永业（2018）通过问卷调查了华南地区 20 个重大科研项目团队，研究发现领导行为的决策参与导向、目标达成导向和群体维系导向对团队合作质量具有正向影响。重大科研项目由于其高交叉性与高复杂性，离不开各领域专家的共同合作。但现实情境下，重大科研团队的合作状态不容乐观，各课题组在执行项目时的分开努力造成了科研低效率和成果碎片化。合作倾向性决定了采取某种行为的优先可能性，重大科研项目跨学科跨组织的特征使得项目负责人无法独自解决项目，往往需要与各子课题负责人进行商讨，共同参与决策制定。最终的科研项目决策包括了子课题负责人的观点和想法，提升了子课题负责人对项目目标的认同，于是提升了子课题负责人的团队合作意愿。研究发现，重大科研项目负责人领导行为的决策参与导向、目标达成导向和群体维系导向对团队合作质量具有正向影响，而子课题负责人合作倾向在决策参与同团队合作质量、群体维系同合作质量中具有完全中介作用。De Cremer 和 Van Knippenberg（2002）通过情景实验、问卷调查和实验室实验考察了领导的程序公平和个人魅力对合作的影响，研究发现这二者分别对合作具有积极影响，并且程序公平和程序魅力的交互效应对合作的影响也显著。每个人都有社会归属的基本需求（Baumeister & Leary，1995），所以领导可以通过组织内关系来培养群体归属感（Ashforth & Mael，1989）。程序公平代表了一种社会评价，它会影响个人的自我价值和归属感（Koper，Van Knippenberg，Bouhuijs，Vermunt & Wilke，1993；Tyler，1999）。公平的对待可以激发员工实施群体导向的行为，这是有助于在社会或组织困境中建立合作的（Tyler & Degoey，1995；Van Vugt & De Cremer，1999）。领导的个人魅力鼓励团队成员敢于承担风险，并超越个人利益（House & Baetz，1979），从而将关注的焦点从自身利益转向集体利益（Bass & Avolio，1993；Shamir，House & Arthur，1993）。以往研究也证实，领导的个人魅力可以有效地增强群体绩效（Howell & Avolio，1993）和合作相关行为（Podsakoff，MacKenzie，Moorman & Fetter，1990）。周键、王庆金和周雪（2018）构建了一个创业情境下管理强度与团队合作、新创企业绩效关系的理论模型。研究通过问卷调查发现，创业管理强度可以划分为独特性、统一性、共识性等三个维度，创业管理强度对团队合作具有正向影响，并且透过团队合作正向影响创业企业绩效。创业管理强度是指创业者与成员信息的接收和匹配程度，它代表着创业成员对创业企业的了解程度。对于创业企业而言，高额的薪金、优厚的福利未必能吸引创业成员，企业的发展前景、愿景规划才具有最终的诱惑力。企业内部合作的基础是成员之间感知到的共同目标，创业企业内部管理强度越高，创业者传递的信息就越精确，员工对企业理念就越认同，于是越容易在企业内部形成良好的工作氛围，进而促进组织内部的合作行为。

四　组织中合作的影响效果

对于组织中合作的影响效果，绝大多数研究都关注它对组织绩效的积极影响，如工作绩效、创新绩效、科研绩效等。但也有研究认为，合作也可能唤醒个人的情绪认知，从而对组织情境重新产生判断。

第一，工作绩效。Tjosvold（1984）基于合作理论探讨了合作与竞争之间的动态关系预计对生产力的影响。合作与竞争均涉及目标相互依赖性，而这又影响有助于完成目标的有效行为（Effective Action）和减少目标完成机会的拙劣行为（Bungling Action）。合作与竞争导致结果包括期望和帮助、沟通和信息、任务方向、友好和支持等。在合作情境中，人们的有效行为可以相互替代，彼此促进，有助于完成任务目标。相反，在竞争情境中，阻碍对方，怀疑对方，讨厌对方，甚至出手破坏对方的努力，对方的拙劣行为可能替代有效行为。合作能加强工作联系，鼓舞士气，尤其在复杂的工作任务上促进生产力。不仅如此，它还能满足个人需求和组织要求，并且整合个人力量共同为组织绩效努力。Johnson、Maruyama、Johnson 和 Nelson（1981）通过元分析表明，合作比竞争、独立更能促进生产力，而任务（要求）在工作相互依赖与生产力之间起调节作用。Tauer 和 Harackiewicz（2004）探讨了竞争与合作对工作绩效的影响，研究发现竞争和合作不是独立存在的，许多现实活动都是兼顾竞争和合作双方面。研究通过罚球活动来操控组间竞争、纯合作与纯竞争情景，并证实了组间竞争使个人对活动的享受超过纯粹的合作和竞争，并对任务绩效也有更高的积极影响。纯合作和纯竞争的积极特征相互平衡，所以导致了相似的任务享受水平。合作可以使参与者以更高的人际热情对待活动，而竞争会使个人更重视能力，感知到更大的任务挑战，而组间竞争会使参与者两者兼得。以往有研究讨论合作与竞争哪个更能提升动机和绩效，但该研究认为这二者相结合可能更有效。合作和竞争的效力在很大程度取决于任务相依性。当任务高度依赖时，合作就有利于绩效提升；当任务相对独立时，合作与竞争对绩效的影响效力可能差不多（Stanne，Johnson & Johnson，1999）。Fink 和 Kessler（2010）根据战略管理和合作理论观点，论证了合作的两种重要资源的价值，即合作经验和原则信任。研究奥地利、斯洛文尼亚和捷克的调查结果显示，合作经验有助于提高经营绩效，但原则信任对成功的贡献要更大。以往学习理论和进化理论表明，合作经验（如参与合作的数量、持续合作的时间和国际性合作）对经营绩效具有正向影响（Jones & George，1998；Levitt & March，1988）。该研究则证明了在更大程度上，合作关系内部的协调机制（质量方面）会使合作关系及其合作伙伴取得成功。卢俊义和程刚（2009）探索了创业团队内认知冲突与公司绩效的关系，研究发现，创业团队内认知冲突透过合作行为间接影响公司绩效。创业团队内合作行为包括集体创新和协作进取两个因子。保持创新和活力以及有目的地重新定义组织、市场或行业，可以创造或保持组织的竞争优势（Covin & Miles，1999）。企业的产品、过程以及市场的创新通常来自于企业家行为，创业团队如果能探索到别人没有发现或者从事的机会，就能有效地促进公司绩效提升。积极进取是对未来的问题、需求和变化的预期行动，它涉及伴随创新和创业活动的一种前瞻性观点。在充满动态竞争的环境下，高积极进取的有机组织通常与企业绩效存在正相关关系。周键、王庆金和周雪（2018）的研究证实了团队合作对创业企业绩效具有正向影响。团队成员合作是团队成功的基础，团队合作会产生以下主要作用：团队合作可以加深团队成员的相互了解，促使成员之间的沟通更加顺畅，从而有利于组织目标的实现；团队氛围可以在一定程度上加速团队合作，良好的团队合作也可以营造出良好的工作氛围，促使团队成员向共同的组织目标努力；有着明确目标的团队合作行为可以迅速将创业理念转化为实际行动，将创业机会从识别阶段推进到开发阶段，从而迅速抓住市场机遇和外部机会。另外，陈维政和王兴琼（2010）通过对 482 位员工的问卷调查，探索了团队合作、团队冲突对组织健康的影响。研究发现，团队合作对组织健康具有正向影响，且对企业绩效、心理健康、身体健康、社区利益、顾客利益等维度具有显著影响。团队合作是一种为达到既定目标所显现的自愿合作和协同努力精神。它可以调动所有成员的资源和才智，并驱除所有不和谐和不公正的现象，同时给予那些大公无私的奉献者相应的回报。团队合作可以有效满足成员的成就、归属和权力需求，促进员工的心理成熟和能力发展，提供社会支持及必要的关心和信息，促进健康型组织的建设和发展。通过团队协同效应，它有助于提升企业绩效、提高员工满意度，对创造良好工作氛围、保障员工健康等方面具有积极作用。

第二，创新绩效。周玉泉和李垣（2006）分析了合作学习对资源柔性、能力柔性的影响路径。合作学习是一方希望通过合作学习新技能和新知识，以大幅度提高企业某些能力，并以此建立竞争优势。合作学习可以加强组织内部知识的交流和创新，从而使知识的渠道和结构更为丰富。随着知识资源利用水平的提高，资源转变用途的难度越来越小，转变所需的时间也变少，所以组织的资源柔性会不断增强。合作学习使组织有机会接触到新的知识和技能，这些知识和技能会扩展“延伸能力”的适用范围，也有助于组织的原有能力转化并形成“新生能力”，这也体现了组织能力柔性的提升。另外，合作学习可以实现双方的资源互补，合作伙伴之间通过“干中学”和“教中学”实现内隐知识的交流和渗透，这有助于知识交叉和建立新的知识体系，最终引发质的飞跃。耿紫珍、刘新梅和沈力（2012）基于激发信息处理视角，探讨了合作目标互依性、知识共享和团队反思与科研团队创造力之间的关系。研究发现，合作目标互依性对科研团队创造力具有积极影响，而知识共享与团队反思在这二者之间具有完全中介效应。合作目标互依性是指团队成员彼此目标之间的积极关联性，即团队成员达成个人目标时，是有助于其他人达成个人目标以及团队目标。高水平的合作目标互依性会使团队处于一种“共同沉浮”状态，这有利于团队成员互相支持、互相启发、彼此信任，并形成共享目标和共同愿景，从而激发创造性成果的产生。另外在此情境下，团队成员对内外部环境、团队任务进展都会保持警醒，能发现一些不易察觉的干扰信息，及时发现问题并加以调整，从而导致团队创造力的不断提升。马蓝、安立仁和张宸璐（2016）根据208家西安市高新区高技术企业数据，探讨了合作经验、双元学习能力对创新绩效的影响。合作经验是企业开展创新活动中借助与先前伙伴合作产生的经验知识，与已有专业知识进行学习、消化、转化及有效组合创新所需的经验技能。合作经验的累积会引起产品单位成本的变化，这表现为成本曲线不断下降。学习效应本质上是对合作技能的提升，从合作中提炼和累积经验创造稳定的创新环境。基于经验学习展开多元合作创新，不仅可以加深自身内部的知识资源，而且还能拓宽外部知识资源的利用，从而提升合作创新绩效。再则，合作经验通过学习和积累推动双元学习能力提升，这表现在企业搜寻适合的合作伙伴成员，促使企业间合作关系的建立，减少合作过程中的冲突。熟练的合作经验可以使企业在不确定性环境中准确地进行辨析，快速地对知识实现创造和运用。

第三，科研绩效。喻登科和严红玲（2018）以获得国家自然科学基金委管理科学部项目经费资助的40个科研团队为评价对象，测度科研团队知性互补水平和强强联合水平，将评价结果与团队合作研究成效进行回归分析。知性互补和强强联合是决定科研团队合作的两个维度，这二者负相关但不完全对立。研究发现，对于团队成员人均实现的合作研究成效，强强联合起负向作用，而知性互补与强强联合交互作用起正向影响。团队成员数量可以提高团队合作研究成效，而项目经费资助强度负向影响团队人均合作研究成效。张玲玲、赵明辉、曾钢和张利斌（2019）探究了跨学科性（学科均衡性）与团队合作特性（团队异质性）对大科学装置科学效益的影响，并基于中国科学院重大科技基础设施共享服务平台的成果展示数据进行了验证。研究发现，机构层面和作者层面的团队合作均对公共实验平台型和专用研究型两类大科学装置的科学效益有正向影响。团队合作是提高科技人力资本的重要方式，科研团队合作不仅仅是科研人员知识、能力、认知等资源的整合，同时也是科研人员所在科研环境、机构属性、网络关系等资源的优化配置。一般而言，科研合作可以提高科学研究质量，从而得到更多学者的关注和引用（Katz & Hicks，1997）。团队合作有利于分享知识和技能、共享研究资源、加快研究进展、促进思想融合与创新以及提高影响力，尤其是隐性知识的传递（Sooryammoorthy，2009）。无论是个人层面的团队合作还是机构层面的团队合作，多元的信息、知识、技能和社会资源的交融更有助于科研水平提升（李文聪、何静、董纪昌，2018）。团队成员在交流中碰撞和激发创新灵感，通过团队合作对科技人力资本的促进作用在各学科都会有所体现。孙熊兰、滕广青、王思茗和栾宇（2019）构建了国际图书情报学领域11668位科研人员的合作网络，对7种网络属性和5种学术表现力指标进行分析，研究发现科研合作状态与学术表现力之间存在显著关联。其中，联络人地位和持久的合作关系对学术表现有着积极影响，而合作团体中的边缘位置对学术表现具有消极作用。科研合作是科学进步的关键因素，合作网络中的研究人员分享各自的知识和想法，彼此之间相互影响科研工作。科研合作是一种复杂现象，它通过各种方式来影响科学生产力，以及学科内部和学科之间的知识传播。科研合作不仅有助于研究人员吸收新知识和新理念，提高研究成果的质量和数量，而且还有助于提升研究人员在学术领域的知名度和声望。

第四，情绪认识。Lanzetta和Englis（1989）假定合作情景中包含共享的、赋予感情的情绪体验，而竞争情景包含互相排斥的、抽离感情的情绪体验。识别他人的面部表情能帮助理解他人的情感，有效帮助自己预测他人行为，而他人的情感表达往往也会影响和感染观察者。研究通过合作和竞争情景实验，测量了面部肌肉和心电图表现出的快乐和痛苦，结果表明合作情景促进了快乐和同理心的表达，而竞争情景促进了反同理心的表达。再则，也有研究认为团队合作是减少冲突和增强吸引力的重要方式（Filley，1975），因为合作可以使双方的差异减少而互相接受度提升（Sherif & Sherif，1969）。然而，合作有时并不会增强群际吸引力，或者在实际上导致双方敌意增强（Deutsch，1973；Filley，1975；Sherif & Sherif，1969）。Worchel和Folger（1977）探讨了团体间合作何时会引起团体间吸引力的提升，研究发现竞争会导致团体间吸引力降低，而合作是否增强团体间吸引力，既取决于合作结果，也取决于合作之前的互动类型。研究假定只有成功的合作才能显著提升团队间吸引力，而失败的合作会激发团队间彼此的攻击性，这反而会导致吸引力下降。每个团队过去的经历与合作团队经历相似性，以及团队在合作之前的互动类型（合作或竞争）也会影响合作团队彼此间的吸引力。如果两个团队以友好的关系进行合作，并且有着相似的经历，那么即便失败也不会导致两个团队的关系恶化。然后，Mulder、vanDijk、DeCremer和 Wilke（2006）认为，社会困境中的制裁制度具有消极性，它会让人们觉得他人是出于自身利益考虑，这不利于合作的产生。以往研究发现，在社会困境中增加制裁制度可以提升合作倾向（Dewitte & De Cremer，2001；Parks，Henager & Scamahorn，1996；Robbins，1995），但制裁制度的消极后果也是显而易见的（Tenbrunsel & Messick 1999），因为人们会将决策视为商业相关的决策，使人们的动机由伦理性动机转变为算计性动机（Gneezy & Rustichini，2000）。另外，Stapel 和 Koomen（2005）的研究发现，一个人是倾向于合作还是倾向于竞争，是决定社会比较过程自我评价方向的重要变量。当个人的竞争意识更强时，对比效应更容易发生；而当个人的合作意识更强时，同化效应更容易发生。人们倾向于将自我观点与竞争者拉开距离，并将自我观点与合作者保持一致。一个人选择竞争还是合作，将是社会比较效应走向的重要因素（Festinger，1954）。要产生对比竞争或同化合作效应，比较对象不必是将要与之竞争的人或将要与之合作的人。仅仅是竞争与合作的认知可达性就足以将社会比较效应指向相反的方向。简而言之，竞争通常会导致对比，而合作会导致同化。此外，驱动这些对比与同化效应的是竞争性处理风格（Processing Styles Competitive Orientations）与合作性处理风格（Processing Styles Cooperative Orientations），抑或是语境激活（Contexts Activate）。也就是说，对比或同化是否发生取决于信息是用一种区分自我和他人的思维来处理，还是用一种将他人包含在自我的思维来处理。竞争很可能会激活一种强调自我独特性的差异化思维模式（Differentiation Mindset），这样自我认知就会与相关的比较目标形成对比。相反地，合作可能会激活一种整合心态（Integration Mindset），在这种心态中强调自我和他人之间的相似性，这样自我感知就会被他人同化（Carnevale & Probst，1998；Stapel & Koomen，2001a，2001b）。因此，研究还证实竞争激活了差异化思维（专注于差异），而合作激活了整合性思维（专注于相似性）。强烈的对比效应可能发生在竞争环境中，但这并不意味着社会比较在非竞争环境中是无关紧要的。事实上，这种非竞争性的合作环境也会产生类似的同化效应。社会比较效应可能自发地发生，即使在对社会比较或自我区别需求可能相对较低的情况下。个人主义的、竞争性的环境更有可能激发人与人之间的比较，而集体主义的、合作性的环境更可能激活同化的、整合的社会过程。

第三章　组织中信任与合作的进化博弈模型

早在20世纪初，社会学家齐美尔就开启了有关信任研究的先河，他指出“信任是社会中最重要的综合力量之一”（齐美尔，2002），由此突出了信任在社会活动中的重要地位。此后，信任这一概念在诸如心理学、社会学、政治学、经济学、人类学、历史及社会生物学等多种不同类型的社会科学文献中被提及（Lewichi & Bunker，1995；Worchel，1979）。尽管近年来信任研究引起了国内外学者的广泛关注，但对组织信任与合作关系的探索还远远不够。由于组织内部总会存在各种冲突，这些冲突有些是积极的，有些则会对组织产生消极和破坏作用，甚至会阻碍组织的运行效率和发展，致使组织陷入“内耗”的困境之中。如果组织中充满信任，相互合作就会发生，甚至出现单方面的利他、角色外工作等自发行为，员工将更多的时间和精力致力于集体目标的实现，这将有助于组织目标的实现（Krammer & Tyler，1996；Murnighan，Kim & Metzger，1993）。唯有信任和合作，才可以减少冲突的发生，所以加强组织中信任与合作的研究具有重要的现实意义。

第一节　进化博弈模型构建

本研究从主体的“有限理性”出发，构建了一个进化博弈模型，从而对组织中信任与合作的产生条件和影响因素进行探讨。

（1）假定存在两个博弈参与者：博弈方A、博弈方B。在这里，博弈方A、博弈方B既可以认为是组织中的两个行为个体，也可以认为是两个部门。一次博弈我们用集合 $Q = \{A, B\}$ 表示。

（2）假定博弈方 A、博弈方 B 为“有限理性”，学习速度较慢，采用生物进化的“复制动态”机制模拟博弈方学习和动态调整的过程，博弈群体成员随机配对反复博弈。

（3）基于团队理论，信任需要博弈双方的投入。假设每次信任的总投入为 I（Investment），这包括人力、物力、财力以及时间等要素的投入。其中，博弈方 A 的投入比例为 α（$0 < \alpha < 1$），博弈方 B 的投入比例为 β（$0 < \beta < 1$），且 $\alpha + \beta = 1$。则博弈方 A 的信任投入 $I_A = \alpha I$，博弈方 B 的信任投入 $I_B = \beta I$。为了方便后面的分析，不妨令 $\alpha > \beta$。

（4）博弈方 A、博弈方 B 的信任决定了一个共同的合作产出，假设合作产生的收益为 E（Earnings）。假定博弈双方的合作收益分别与其前期的信任投入呈正比，即博弈方 A 采取信任带来的合作收益 $E_A = \alpha E$，博弈方 B 采取信任带来的合作收益 $E_B = \beta E$，则 $E = E_A + E_B$。

（5）合作净收益的大小与双方的信任存在内在的联系。研究表明，组织中信任水平的高低对组织绩效具有非常重要的影响（Sabel，1993）。对于合作双方而言，信任有助于减少内部交易成本，促进合作绩效的提高。在这里，令 $I = \mu E$，μ 为收益成本转换系数，且 $0 < \mu < 1$。引入信任系数 r（$0 < r < 1$），当 $r = 0$ 时表示完全不信任对方，当 $r = 1$ 时表示完全信任对方。令 $\mu = 1/(1 + r)^{n+1}$，其中 n 表示以前的合作次数。因此，当博弈双方互信促成合作时，博弈各方的合作净收益 $L = E - I = (1 - \mu)E = [1 - 1/(1 + r)^{1+n}]E$。为了研究方便，不妨令 E 为一定目标值，合作净收益与信任之间的关系如图 3－1 所示。

（6）博弈双方分别有两个可以选择的策略，即信任 T（Trust）和不信任 N（Non-trust）。博弈方 A 选择策略 T 的概率为 p，则选择策略 N 的概率为 $1 - p$；博弈方 B 选择策略 T 的概率为 q，则选择策略 N 的概率为 $1 - q$。其中概率 p、q 也可以理解为群体博弈中选择该策略的参与者的比例。双方博弈收益矩阵如图 3－2 所示。

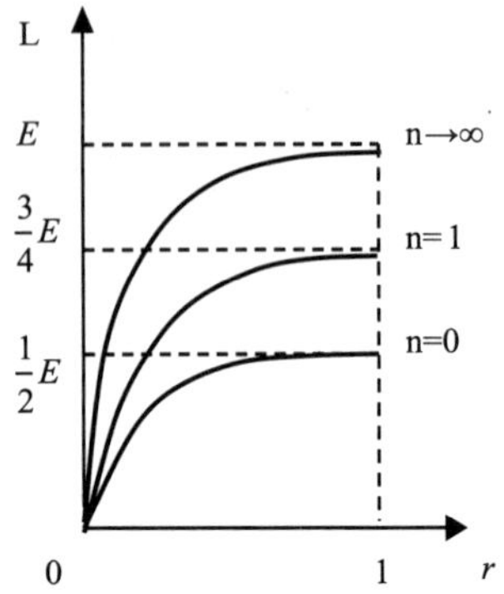

图 3－1　合作净收益—信任曲线

博弈方 B

博弈方A	概率	$T_2(q)$	$T_2(1\text{-}q)$
	$T_1(p)$	a, b	c, d
	$T_1(1\text{-}p)$	e, f	g, h

图 3－2　双方博弈收益矩阵

第二节　进化博弈模型分析

一　策略组合分析

对这个 2×2 收益矩阵的四种不同的策略组合下，博弈双方的收益情况进行分析：

①策略组合（T_1，T_2），即博弈方 A 和博弈方 B 相互采取信任对方的策略。

则博弈方 A 的收益为：

$$a = E_A - I_A = (1-\mu)E_A = (1-\mu)\alpha E = [1-1/(1+r)^{n+1}]\alpha E$$

博弈方 B 的收益为：

$b = E_B - I_B = (1-\mu)E_B = (1-\mu)\beta E = [1 - 1/(1+r)^{n+1}]\beta E$

②策略组合（T_1，N_2），即博弈方 A 采取信任博弈方 B 的策略，而博弈方 B 采取不信任博弈方 A 的策略。此时，博弈方 A 的信任投入 I_A 也就是博弈方 B 的收益。

则博弈方 A 的收益为：

$c = -I_A = -\alpha\mu E$

博弈方 B 的收益为：

$d = I_A = \alpha\mu E$

③策略组合（N_1，T_2），即博弈方 B 采取信任博弈方 A 的策略，而博弈方 A 采取不信任博弈方 B 的策略。此时，博弈方 B 的信任投入 I_B 也就是博弈方 A 的收益。

则博弈方 A 的收益为：

$e = I_B = \beta\mu E$

博弈方 B 的收益为：

$F = -I_B = -\beta\mu E$

④策略组合（N_1，N_2），即博弈方 A 和博弈方 B 相互采取不信任对方的策略，此时双方都没有对信任的投入，因此收益均为 0。

博弈方 A 的收益为：

$g = 0$

博弈方 B 的收益为：

$h = 0$

二　博弈收益分析

①博弈方 A 位置博弈的“信任”、“不信任”策略的期望收益 $U(T_A)$、$U(N_A)$ 和群体收益$_A$分别为：

$U(T_A) = qa + (1-q)c$

$U(N_A) = qe + (1-q)g$

$_A = pU(T_A) + (1-p)U(N_A)$

②博弈方 B 位置博弈的“信任”、“不信任”策略的期望收益 $U(T_B)$、$U(N_B)$ 和群体收益$_B$分别为：

$U(T_B)=pb+(1-p)f$

$U(N_B)=pd+(1-p)h$

$_B=qU(T_B)+(1-q)U(N_B)$

三 复制动态方程构建

本研究分别把复制动态方程用于两个位置博弈的博弈方群体，得到博弈方 A 位置博弈的博弈方类型比例的复制动态方程为：

$dp/dt=p[U(T_A)-_A]$

$=p(1-p)[U(T_A)-U(N_A)]$

$=p(1-p)[q(a-e-c+g)+(c-g)]$

$=p(1-p)[q(\alpha E-\beta\mu E)-\alpha\mu E]$

求得：

$q^*=\alpha\mu E/(\alpha E-\beta\mu E)=1/(1+1/\mu-1/\alpha)=1/[1+(1+r)^{n+1}-1/\alpha]$

同理，博弈方 B 位置博弈的博弈方类型比例的复制动态方程为：

$dq/dt=q[U(T_B)-_B]$

$=q(1-q)[U(T_B)-U(N_B)]$

$=q(1-q)[p(b-d-f+h)+(f-h)]$

$=q(1-q)[p(\beta E-\alpha\mu E)-\beta\mu E]$

求得：

$p^*=\beta\mu E/(\beta E-\alpha\mu E)=1/(1+1/\mu-1/\beta)=1/[1+(1+r)^{n+1}-1/\beta]$

四 复制动态方程分析

首先，对博弈方 A 位置群体的复制动态方程进行分析：

当 $q=q^*$ 时，dp/dt 始终等于 0，即所有的 p 都是稳定状态；

当 $q>q^*$ 时，$p^*=0$ 和 $p^*=1$ 是 p 的两个稳定状态，其中 $p^*=1$ 是进化稳定策略；

当 $q<q^*$ 时，$p^*=0$ 和 $p^*=1$ 仍是 p 的两个稳定状态，其中 $p^*=0$ 是进化稳定策略。

上述三种情况的 p 动态变化的相位和稳定状态如图 3－3 所示。

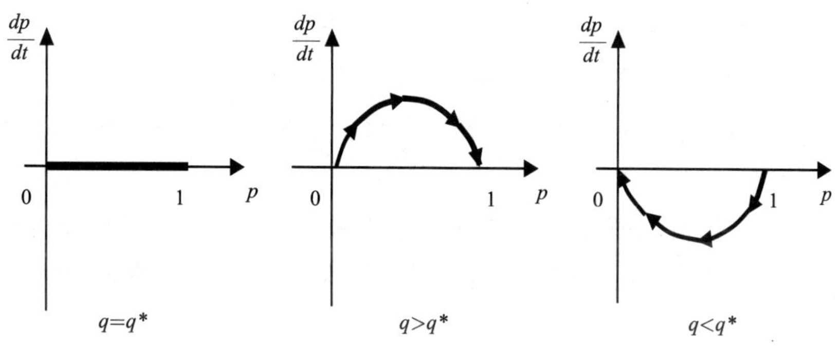

图 3－3　博弈方 A 群体复制动态相位图

同理，对博弈方 B 位置群体的复制动态方程进行分析：

当 $p=p^*$ 时，dq/dt 始终等于 0，即所有的 q 都是稳定状态；

当 $p>p^*$ 时，$q^*=0$ 和 $q^*=1$ 是 q 的两个稳定状态，其中 $q^*=1$ 是进化稳定策略；

当 $p<p^*$ 时，$q^*=0$ 和 $q^*=1$ 仍是 q 的两个稳定状态，其中 $q^*=0$ 是进化稳定策略。

上述三种情况的 p 动态变化的相位和稳定状态如图 3－4 所示。

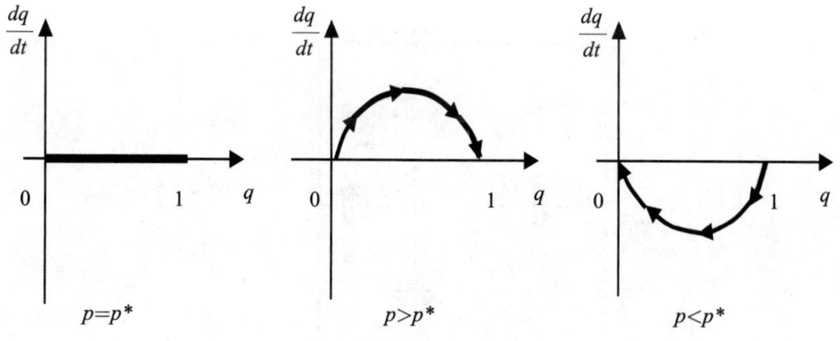

图 3－4　博弈方 B 群体复制动态相位图

进一步，将上述两个群体类型比例变化复制动态的关系用一个坐标平面图表示，如图3-5所示。根据图中箭头方向可以看出，在这个非对称博弈中，p=0、q=0和p=1、q=1是这个博弈的进化稳定策略。然后，对初始情况落在不同区域的收敛进化情况进行分析：

①当初始情况落在Ⅱ区域时会收敛到进化稳定策略p=1、q=1，即博弈方A位置群体采取“信任”策略，博弈方B位置群体采取“信任”策略；

②当初始情况落在Ⅳ区域时会收敛到进化稳定策略p=0、q=0，即博弈方A位置群体采取“不信任”策略，博弈方B位置群体采取“不信任”策略。

③当初始情况落在Ⅰ区域时，初始点将沿着箭头的合成方向朝右下方运动，若初始点落在靠近临界线$q=q^*$附近，初始点则易于收敛到Ⅳ区域；若初始点落在靠近临界线$p=p^*$附近，则初始点收敛到Ⅱ区域的可能性更大一些。

④当初始情况落在Ⅲ区域时，情况类似落在Ⅰ区域。

由图示可以看出，当初始点落在Ⅰ和Ⅲ两个区域时，大部分可能性也是最终收敛到进化稳定策略p=0、q=0。随着临界点p^*和q^*的减小，区域Ⅱ的面积以及区域Ⅰ和Ⅲ中收敛到进化稳定策略p=1、q=1

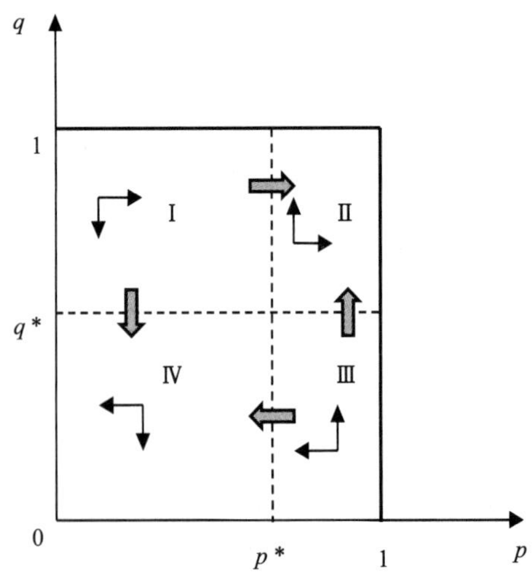

图3-5 非对称博弈两博弈方群体复制动态和稳定性

的面积将会增大，即两博弈方群体的进化稳定策略为（T_1，T_2）可能性增大。在这里，也可以理解为当 p^* 和 q^* 处在一个相对较小值的情况下，两博弈方群体的最终策略趋向选择（T_1，T_2）。

由复制动态方程可知：

第一，当 r 和 n 一定时，随着博弈方 A 的信任投入比例 α 增大，博弈方 B 的信任临界点 q^* 减小；反之，当博弈方 A 的信任投入比 α 减小，即博弈方 B 的信任投入比例 β 增大时，博弈方 A 的信任临界点 p^* 增大。这表明，如果组织中的一方加大对信任投入的比例，必将引起另一方的信任提升，使另一方更容易趋向对这一方的信任。

第二，当 r、α 和 β 一定时，随着信任合作次数 n 的增大，博弈双方的信任临界点 p^* 和 q^* 都将减小。这说明，信任具有积累性，当双方的合作次数越多，信任水平也就越高，必将促进组织内部的合作可能性。这符合了互惠合作的策略选择，即随着博弈次数的增加，合作可以在理性主体之间产生并发展信任。

第三，当 n、α 和 β 一定时，随着信任系数 r 的增大，博弈双方的信任临界点 p^* 和 q^* 都将减小。这表明，对于组织而言，内部信任水平越高，或者组织信任建设比较好，这对于促进组织信任与合作是很有意义的。此外，信任系数也具有积累性，合作次数越多，信任系数也将越大，双方的信任水平也就越高，合作的可能性也就越大，从而呈现良性循环。

第三节 基于进化博弈模型的管理策略

本研究从博弈参与者的有限理性出发，构建了一个组织中信任与合作的进化博弈模型，运用“复制动态”机制模拟参与者的学习和调整过程，分析了不同策略组合下各博弈方的投入和收益情况。根据此进化博弈模型，我们认为可以从以下三个方面提高组织中信任与合作的水平。

一 加强信任投入水平

信任就是“合作各方相信任何一方都不会利用另一方的脆弱性去获

取利益”(Peterson & Behfar, 2003)。确切地说，信任也就意味着双方利益的均衡，其关键就是一方设身处地地为另一方的利益着想，让另一方相信是为他们的利益而努力。从组织中任意博弈方来看，合作的最本质特征就是利他主义的行为互动，而信任就是合作实现的首要前提。如果博弈方之间互相信任，则表明他们可以接受彼此的合作关系，并且能在一段时间内保持彼此之间的信任。信任在组织中的作用就像是润滑剂，它能够消除一些组织内部冲突引发的内耗，同时也能够促进组织更加有效地运转。Porter 和 Lilly（1996）以及 Dirks（2000）的研究表明，组织信任会增进成员个体对他人的主动协作行为，进而提升团队凝聚力。在高信任的组织氛围中，组织成员之间可以更加通畅地交流想法和分享经验，这为团队创新提供了有效的保障。Knack 和 Keefer（1997）则从宏观层面探讨了信任对国家和地区经济发展的影响，他们发现在国民收入较高和较平等的地方，信任水平通常也会较高，这使得经济活动的成本较低，并且信任每提高一个标准差就会带来 1.15% 的经济增长和 2.04% 的投资增长。Zak 和 Knack（2001）也探讨了信任对经济增长的影响机制，较低的信任水平不仅会拉低投资率和经济增长率，甚至会使经济陷入贫困式陷阱。由此可见，信任对合作及其所附带收益的影响是显而易见的。因此，组织中各博弈方应加强信任投入水平，这不仅有助于提升彼此间的信任程度，而且也为全方位的内部合作创造有利条件。

二　提高重复合作次数

作为“社会资本”三要素之一的信任，是减少组织内部摩擦的“润滑剂”，是提高组织凝聚力的“胶合剂”，是提高组织绩效的“催化剂”（蔡翔、赵君，2007）。以往研究通常采用模拟人际互动的社会博弈范式，探究和分析人类的信任行为，大量的研究结果表明信任博弈中存在着较为普遍的合作关系，即信任者会将部分利益交给对方，而大多数受信者也会返还一定比例的利益（Camerer, 2003; Cesarini, Dawes & Fowler, 2008; Johnson & Mislin, 2011; Tzieropoulos, 2013）。信任是可以自我实现和自我强化的（Berg, Dickhaut & McCabe, 1995），崔巍、陈琨和崔晓瑭（2014）采用模拟实验法从重复交易的视角探讨信任的生成机制，研究再次证实了重复交易可以强化信任和增进合作。如果交易方的初始信任得到了积极回报，那么这种信任就会得到强化并不断良性重复，从而建立高层次合作和更为稳固的信任。黎日荣（2012）认为理性选择的信任在一定条件下会转化为社会普遍信任，重复交易下的信任具有自我强化机制，从而促进信任逐渐形成，这是由于在重复合作中可以节省交易成本。由此可见，重复合作是信任形成的关键因素，而彼此信任是合作的先决条件，那么设计有利的制度环境将是提升组织信任和重复合作的重要举措。通过制度环境建设，任何人在组织中都可以进行信息交流和反馈，这会使所有人掌握的信息更加完备。这时各方会发现选择信任将带来更大的合作价值，组织中最初选择不信任的个体就会转向选择信任，从而达成一种默契，减少了策略选择的不确定性，逐步建立起长期而稳定的合作关系。

三　提升组织信任系数

信任系数体现了组织成员所持有的信任他人的程度或水平，它具有积累性和连续性，属于一种正反馈激励，存在着一种经过时间传导的正向共同运动（Positive Co-movement），即合作次数愈多，信任系数就越高，组织绩效也越高，合作收益就越大，呈现出良性循环。在管理实践中，我们可从组织结构切入，着手提升组织内部的信任和合作。由于组织结构决定了组织内部决策权的集中和分散程度，那么相对于内控程度高、集权程度高、规范化程度高的组织，那些具有较强灵活性、自主性以及由此产生较高信任度的组织会更有生命力和竞争力（蔡翔、程发新，2006）。Fairholm（1994）也认为这种组织结构不仅可以培养员工的主人翁精神，也可以培养组织内部的信任氛围，所以组织结构对组织信任与合作具有重要影响。内部虽然有利于统一指挥，但也会进而降低工作自主性和多样性，这样不利于调动组织成员的积极性，极易对组织信任产生负面效应，削弱合作水平。高集权的组织结构在一定程度上也反映出领导对管理失控的忧虑和对组织成员的不信任，未能得到充分信任和授权的下属，则必然会受到更为严密的监控，组织的层级结构就会越复杂，这也间接给组织内部合作带来不利影响，从而造成“不信任”和“不合作”的恶性循环。因此，我们可考虑从组织结构再设计入手，建立正式的和非正式的沟通机制促进组织内部的交流和合作，培养纵向和横向信任，这对于促进绩效提高、合作创新无疑有着积极作用。

第四章　跨部门的信任与合作

在现实中，组织的跨部门合作不尽如人意的原因有很多，其中很重要的一个原因就是部门之间缺乏信任。跨部门信任是指部门之间所持有的一种正向期望，在这种期望下施信方相信受信方能在理性的决策下做出对本部门有利的特定行动，以保证部门所有成员的利益不受损害。本研究基于问卷调查数据，运用结构方程模型探讨跨部门的信任与合作之间关系，即探讨跨部门信任的三个维度（包括能力、善意、开放性）对跨部门合作的两个维度（包括目标达成度、合作满意度）的影响。该研究结论将更好地指导组织的跨部门合作，以期减少合作中的摩擦与冲突，从而提升组织的创新绩效。

第一节　概念界定

一　跨部门信任

1. 跨部门信任的定义

作为组织中信任的一个层次，横向信任并没有引起学术界的广泛关注。但对于组织中横向信任的重要性，人力资源管理和组织行为学领域的众多学者已达成共识。组织信任可划分为横向信任（Horizontal Trust）和纵向信任（Lognitudinal Trust）两种类型，亦称为水平信任（Lateral Trust）和垂直信任（Vertical Trust）（Fox，1974；McCauley & Kuhnert，1992；郑伯埙，1999）。其中，横向信任是指在一个相似工作环境中，平级人员之间或同等地位部门之间的信任关系；纵向信任则强调组织成员与不同层级人员之间的信任关系，如员工与领导、员工与组织之间的信任关系（Smith，Pope，Sanders，Allred & O' Keffe，1988）。国内外学者关于组织信任的内容与类型可概括为表4－1所示的几种情形。

表4－1 组织信任的内容与类型

学者（年份）	组织信任的内容	信任类型
Luhmann（1979）	个人信任：对朋友、同事的信任 系统信任：对规章制度、企业组织的信任	横向信任 纵向信任
Podsakoff，MacKenzie，Moorman & Fetter（1990）	对主管的信任：员工信任上司的程度 对同僚的信任：员工信任相关工作同事的程度 对公司的信任：员工信任公司的程度	纵向信任 横向信任 纵向信任
林钲棽、萧淑月、何慧清（1994）	组织信任：员工对组织制定政策方针的信任程度 主管信任：员工对主管的信任程度 同事信任：员工对同事的信任程度	纵向信任 纵向信任 横向信任
Nyhan & Marlowe（1997）	个人信任：组织成员互动后产生的信任 系统信任：组织成员对组织整体的信任	横向信任 纵向信任
Doney & Connon（1997）	组织信任是发生在组织水平的信任	横向信任
Costigan，Iiter & Berman（1998）	关系信任：监督者与组织成员、同事之间的信任关系 系统信任：组织成员与整个组织的信任关系	纵向信任/横向信任 纵向信任
李粤强（2002）	关系信任：同事之间相互承担风险的意愿 系统信任：员工对首席行政官和高层管理者的信任	横向信任 纵向信任

资料来源：本研究整理。

目前大多数研究少有针对组织中横向信任进行探讨，有的只是在探讨纵向信任（领导—员工之间信任、员工—组织之间信任）时才会涉及横向信任问题，因此当前有关横向信任的研究不够深入。仅有的若干研究在讨论横向信任的概念时，也只是照搬了社会学、心理学、组织行为学等领域的概念界定，我们认为应当采取合适的角度对横向信任的相关概念进行界定。从理论界来看，国内外探讨跨部门信任的研究并不多见，组织中横向信任的研究也甚少，绝大多数学者关注于人际信任、团队信任、社会信任等方面的研究（Smith，Pope，Sanders，Allred & O' Keffe，1999；郑伯埙，1999）。考虑到不同学科对信任的定义、维度等基本问题尚缺乏明确、统一和规范的认识，因此我们认为有必要对跨部门信任的概念进行界定，为后续相关研究奠定基础。

根据前述研究对组织内部横向信任研究的分析，我们认为跨部门信任的概念应从以下六个方面进行理解：

第一，跨部门信任是一种群体间的信任。在信任的心理和行为表现上，都是以部门为基本单位展现出来的。它既要体现部门成员人际信任的关系性，又要体现出组织系统信任的结构性。

第二，跨部门信任是部门一方对另一方行为和决策的正向预期。在未来情况不确定的情况下，施信方愿意暴露自己的脆弱性，相信受信方不会利用自己的脆弱性来牟取私利，而这种“正向期望”可能就是信任产生的原因之一。

第三，跨部门信任是一个双向性的概念。由于信任的主体、客体都是地位平等的部门，权力距离相近，这二者相辅相成、相互促进，因此具有双向性。

第四，跨部门信任具有过程性。跨部门信任是多次信任行为的重复博弈结果，它不仅仅是来自部门一方的某一次或者几次具体的信任行为。因此，跨部门信任需要较长时间和较大成本才能构建和维持，是在重复博弈和反复社会交换关系过程中逐步建立的。

第五，跨部门信任具有风险性。由于信息不对称以及受信方行为的不确定性，施信方的行为具有风险性。风险为信任创造了机会，信任可以促进组织成员对风险的承担。

第六，跨部门信任是一种理性决策行为。尽管部门成员之间存在一定的情感性，但部门之间横向信任相对比较稳定，因而施信方的行为更多地表现为一种理性判断后作出的选择。

综上所述，本研究认为所谓跨部门信任是指部门之间所持有的一种正向期望，在这种期望下施信方相信受信方能在理性的决策下做出对本部门有利的特定行动，以保证部门所有成员的利益不受损害。

2. 跨部门信任的维度结构

日前国内外研究对组织信任的维度结构进行了广泛研究，但是对组织内部横向信任的探索甚少，所以对跨部门信任维度结构的研究属于探索性研究。根据前文回顾，本研究将从能力、善意、开放性等三个方面讨论跨部门信任的维度结构。

（1）能力（Capability）。所谓能力，是指受信方在特定领域内产生影响的技能、特征的集合（Gabarro，1978）。以往大多数研究都认为，能力是组织信任的重要组成部分，也有研究用 Competence 或 Ability 来表达类似的意思。Giffin（1967）认为，能力是组织信任最重要的构成要素。Gabarro（1978）将信任的构成基础分为九个方面，其中就包括特殊能力、人际能力、商业触觉、判断力等等，这些概念与能力的核心涵义相接近。Mayer、Davis 和 Schoorman（1995）将才能（Ability）视为受信方的特质之一，它泛指一些特殊的技能、人际关系能力、工作上的见识以及判断力等。Mishra（1996）也发现，无论任何层次的组织信任，如高管团队内部信任、组织之间信任、组织内部信任等，能力都是一个重要的维度。上述研究都表明，能力的确是组织中信任的构成要素之一。在绝大多数情况下，我们之所以信任对方，是因为我们相信对方具有某种专业技术技能能够完成应该完成的义务（Sashkin，1988）。对于跨部门信任，能力是指被信任部门的专业素质及其市场竞争能力。

（2）善意（Goodwill）。善意是指排除以自我为中心的利益考虑，即主体在采取任何行动或决策前，都会顾及伙伴的利益（Mayer 等，1995）。几乎所有研究都认为善意是信任的重要要素，国内外学者在探讨组织中信任时也证实了这一点。Konovsky 和 Pugh（1994）就指出，善意是组织信任的主要构成要素，同时程序公平就是一种来自于组织的善行和关心。Mishra（1996）也指出组织内部信任的第四个构成要素是“关心”（Caring）。“关心”也就是善意，因为“关心”意味着考虑对方的利益而不是去利用对方的弱点（Mishra，2003）。Whitener 和 Brodt（1998）在探索组织管理与下属信任的关系时发现，影响组织可信赖性的第五个要素就是“表现关心”（Demonstration of Concern）。尽管上述研究探讨的都是组织中纵向信任，但本研究认为跨部门信任也应存有善意要素。这种善意是部门之间在情感上对彼此认可的一种重要体现，这种情感是由以下三个方面构成：第一，能关心和感受其他职能部门的需求和利益；第二，能够以实际行动自觉维护其他职能部门的权益；第三，不会为了私人利益去牺牲其他部门的利益。受信方的这些行为会被施信方知觉，认为受信方是可靠的、善意的、值得信赖的。

（3）开放性（Openness）。开放性意指组织中部门愿与其他部门进行有效的沟通，从而达成较高的信息共享程度。对决策进行充分的解释和定期的反馈有助于信任的形成，而自由开放的交换彼此想法和创意能有效地提高组织中部门之间的信任。开放性作为组织内部信任的重要构成要素也经常被提及。Gabarro（1978）研究了企业总裁和副总裁之间信任关系的形成，而开放性则是建立信任的重要特质之一。Butler（1991）采用问卷调查的方式对主管的被信任特征进行研究，而开放性是员工信任主管的十种特征之一。Gilbert 和 Tang（1998）在组织信任前因变量的发掘中，提出培育信任的四个基本因素，即开放性沟通、更大程度的决策参与、分享重要的信息、感觉和感情的真实分享，并指出组织信任的重要内容就是沟通以及随后的信息传递。众多研究表明，这种开放性的信息交流和沟通相对于其他要素通常具有更重要的作用。部门之间的良性沟通，能够快捷地从对方获得支持，彼此之间也更容易产生高信任度的评价。另外，对决策和行为进行清晰和及时的解释，这对信任知觉也可以起到积极的作用（Konovsky & Pugh，1994；Sapienza & Korsgaard，1996）。那些愿意花更多时间向其他部门进行决策解释的部门实际上也同时表现出了对其他部门的尊重和利益的关心。所以，本研究认为开放性是跨部门信任的又一个重要构成要素。

跨部门信任本质上是一种态度，而态度具有两重含义：一种是准备行动的主观心理状态，称为心理态度（Mental Attitude）；另一种是行为倾向，也被称为行为态度（Behavioral Attitude）。跨部门信任既是个人心理状态的汇集，也是部门作为群体对外展现的一种行为倾向。Lewis 和 Weigert（1985）通过对信任概念的透彻分析，注意到信任的多维属性，他们认为信任具有明显的认知、情感及行为结构。其中认知和情感信任属于心理态度，而行为信任属于行为态度，这一观点也得到了众多研究的认同（Barber，1983；Clark & Payne，1997；Luhmann，1979），具体如表 4－2 所示。

表4－2 **信任的认知、情感和行为维度**

维度	维度定义	基本要素	主要相关文献
认知信任	以理性的衡量得失作为基础，强调对受信方的信息收集	行为一致性 能力 公正 正直 诚实	Rotter（1967） Gabbaro（1978） Barber（1983） Hosmer（1995） Maye，Davis & Schoorman（1995）
情感信任	信任双方之间的一种互惠情感，相信彼此排除了自利动机，真诚地表达关心和关怀对方的需求和利益	善意 慈善 善行 真诚 热忱	Gibb（1964） Sabel（1993） Larzelere & Huston（1985）
行为信任	施信方确定受信方的行为是对自己有利的，并据此采取一系列正向行为来维持延续这种信任关系	开放性 沟通 授权 反馈	Hart，Capps，Cangemi & Caillouet（1986） Mishra（1996） Whitener & Brodt（1998）

资料来源：本研究整理。

认知信任的基本要素是行为一致性（Behavioral Consistency）、能力（Capability）、正直（Integrity）等。认知信任强调的是信任的分析过程。这种信任是以理性的衡量得失为基础的，强调对受信方的信息收集。在组织情境下，信任双方出于更高的风险承担意识，更倾向于理性的决策，而对于信任对象的评估可能更注重能力等认知层面的信任要素。

情感信任的基本要素是善意（Goodwill）、慈善（Benevolence）等。情感信任是包含在信任关系中施信方与受信方之间的一种互惠情感，相信彼此排除了自利动机，真诚地表达关心和关怀对方的需求和利益。然而信任关系一旦破裂，就会给双方带来沉重的情感伤害，所以情感信任也具有相当的脆弱性。

行为信任的基本要素是开放性（Openness）、沟通（Communication）等。所谓行为信任是指施信方对受信方的行为期待是确定的，对自己是有利的，并据此采取一系列正向行为来维持延续这种信任关系。专业化发展以及任务的相依性要求部门通过沟通合作进行互补，这种沟通有助于加深部门之间的相互了解，对彼此的行为一致性产生认可。

在此，本研究讨论了信任的认知、情感和行为，这并非与跨部门信任的维度结构相矛盾，相反这二者是相互关联的。如跨部门信任的能力维度对应于认知信任，善意维度可认为属于情感信任，而开放性维度可以从行为信任角度来理解。研究没有采纳认知、情感和行为信任的结构划分，是因为这种划分方式过于抽象，而从构成要素视角将跨部门信任划分为能力、善意和开放性等维度结构，可以帮助我们更清晰地理解其内涵。

二　跨部门合作

1. 跨部门合作的概念

William 和 Jone（1984）认为，跨部门的必要合作是组织成功的关键因素。组织的职能部门之间维持合作关系，可以增进组织的共同价值，并在快速变动的环境中取得竞争优势。然而长久以来，理论界对于“跨部门合作”却缺乏明确的定义。从以往研究文献可以看出，学术界对何谓“跨部门合作”主要持两种观点：一是将跨部门合作视为一种“互动过程”。Bonoma、Slevin 和 Narayanan（1997）认为，若组织次群体间有持续的信息交流，且各次群体都认同决策及决策制定的职权，则次群体间存在合作的状态。Ruekert 和 Walker（1987）在研究中则隐含着互动代表了跨部门合作结构化的本质，这些活动属于部门之间正式的协调活动，包含了例行性会议、备忘录以及文件信息的传递。这种观点将组织职能部门间信息的结构化互动视为跨部门合作。二是将跨部门整合与合作在概念上画等号。Gupta（1984）的研究指出，整合是部门之间为了获得新产品而必须创造和存在的合作环境。Song 和 Parry（1993）将整合看作是存在于部门之间合作的品质状态。然而事实上，跨部门整合是一个更为系统的概念，它包含的不仅仅是职能部门之间合作的一种氛围，同时也是组织信息与资源的一种协调模式。本研究认为，要想准确把握跨部门合作的内涵，需要考虑以下四方面因素：

第一，跨部门合作的差异性和相依性。由于不同部门具有不同的职能，而为了达成组织赋予的任务又相互依赖，因而彼此间应加强沟通协调，相互学习，发挥各自专长。

第二，各部门愿意共享资源，致力于达成组织共同目标。目标一致性使得职能部门彼此依赖程度提高，正式的互动更加频繁，从而促进信息、资源的交流，有助于减少部门间冲突。

第三，跨部门合作具有结构化与情感化的双重本质属性。组织的共同愿景与制度设计要求各职能部门例行性合作，而部门彼此间非正式交流，情感上的信任则可以打破组织内部交流的结构性障碍，增进不同部门成员之间的了解，为进行更细致紧密的合作提供了可能。

第四，跨部门合作是一种正向预期的行为结果。以往研究在探讨合作的内涵时，出于各自研究的需要，将合作从动机、行为、结果等角度进行理解。职能部门之间合作不同于人际合作，这种合作更多的是基于理性的决策，而非心理上的期望。此外，“合作”从涵义上可理解为一种行为，但也可视为一种行为的结果。为了方便后续的研究，我们更多是从结果来理解跨部门合作的内涵。

综上所述，本研究认为跨部门合作是组织内职能部门，彼此一致努力，达成组织共同目标的程度，而这种努力的过程同时具有结构化与情感化的双重涵义。

2. 跨部门合作的维度结构

根据以往研究梳理，本研究采用主观指标作为划分依据，并将跨部门合作的维度结构划分为目标达成度和合作满意度。

第一，目标达成度。针对以往研究可知，许多学者皆以目标达成度作为合作的主观衡量指标（Beckett-Camarata，Camarata & Barker，1998；Parkhe，1993；Shortell & Zajac，1990）。在这里，跨部门合作的目标达成度将从以下两个方面进行理解，一是部门之间合作有助于提升各部门知识与技术能力；二是双方合作都已达到合作前设定的合作目标。因此，我们认为目标达成度是跨部门合作的一个重要维度结构。

第二，合作满意度。满意度是属于情感的知觉（Mohr & Spekman，1994）。Anderson 和 Narus（1984）认为满意是正面的情感陈述，是由合作成员对彼此在运营中所产生的看法加以评估而成。Shamdasani 和

Sheth（1995）认为，合作满意度是指成员对于彼此关系的整体评价。由此可知，合作参与者若能从关系中获得越多的效益，将越对彼此的关系感到满足。因此，我们认为合作满意度是跨部门合作的又一个重要维度结构。

第二节　研究模型与研究假设

如何提高合作绩效一直是理论界和实践界关注的热门话题。在影响合作绩效的诸多因素之中，跨部门合作备受关注（许庆瑞、郑刚、陈劲，2006；李英禹，2006）。现实中组织的跨部门合作不尽如人意的原因有很多，如信息粘滞、目标差异、沟通不畅、个体差异等，但是其中很重要的一个原因就是部门之间缺乏横向信任。本研究尝试就跨部门信任与合作之间关系进行理论探讨和实证研究，以期更好地指导部门之间的合作，以减少合作中的摩擦与冲突，从而提高组织的创新绩效。本研究构建了一个跨部门信任与合作之间关系的概念模型（如图 4 - 1 所示），即探讨跨部门信任的三个维度（包括能力、善意、开放性）对跨部门合作的两个维度（包括目标达成度、合作满意度）的影响。

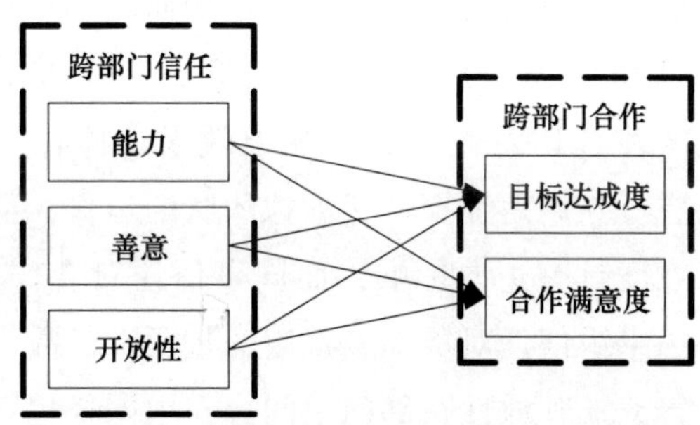

图 4 - 1　跨部门信任与合作关系的概念模型

尽管有关信任与合作之间关系经常被提到，但既有研究多属于一般性探讨，专门针对跨部门信任与合作目标达成度之间关系的研究并不多。Pruitt（1981）认为，双方不可能在没有信任的状态下，就从相互竞争转变为合作，当信任存在时，对方才会有高奉献和协调行为。此外，Pruitt 还提出了对两种合作行为（即让步交换和解决问题）的讨论，其研究结论为后续研究提供了一个很好的思路。Morgan 和 Hunt（1994）指出，合作是关系承诺与信任最重要的结果，信任越大，越能一起合作，而且合作是主动的。Tsai 和 Ghoshal（1998）发现，信任可以引发合作的动机，且经由信任会使得交易双方获得更佳的绩效。作为合作内涵的一部分，目标达成度本身就融合了合作行为与合作绩效的全部含义。因此，上述相关研究应该能够支持跨部门信任对目标达成度具有正向影响的假设。另外，组织本身因信任而存在，职能部门之间因信任而合作，所以跨部门信任正是通过能力、善意、开放性等维度促进了合作目标的达成。鉴于此，本书提出如下假设：

H1 - a：跨部门信任的能力正向影响跨部门合作的目标达成度。

H1 - b：跨部门信任的善意正向影响跨部门合作的目标达成度。

H1 - c：跨部门信任的开放性正向影响跨部门合作的目标达成度。

以往研究有关跨部门信任与合作满意度关系的论述甚少，但有关组织内部信任与员工满意度或员工效能的研究很多。Hosmer（1995）认为，良好的信任关系可以增进团队成员之间的相互合作，增强组织凝聚力，团队成员也会因为别人对自己信任的增加而减少成员间的冲突。陈姿秀、罗新与和戚树诚（2003）的研究发现，组织成员对特定同事的能力及特质信任度在合作意愿上具有加乘效果。林碧华（2005）从信任、知识分享及成员互动角度探讨了虚拟团队的运作，研究结果显示领导信任对合作满意度具有正向影响，而同事信任对合作具有正向影响。上述研究都指出了组织信任对员工满意度的重要性，故本研究认为跨部门信任的能力、善意、开放性在部门之间合作中同样也扮演着极为重要的角色，从而有助于提高跨部门的合作满意度。鉴于此，本书提出如下假设：

H2 - a：跨部门信任的能力正向影响跨部门合作的合作达成度。

H2 - b：跨部门信任的善意正向影响跨部门合作的合作达成度。

H2 - c：跨部门信任的开放性正向影响跨部门合作的合作达成度。

第三节　量表设计

在确定研究模型之后，需要将相关变量操作化，以设计调查问卷。由于变量操作化的严谨性和周延性会对测度结果有重要影响，所以使用的量表是在参考大量文献研究成果、深度访谈结果以及国内外成熟量表设计形式基础上逐步形成的。首先，通过检索查阅相关研究文献，将其中有关信任的维度结构，以及合作测量的指标等进行归纳，吸收与本研究有关的知识，形成初步调查思路。其次，选取桂林、柳州两地3家企业进行深入田野考察（In-depth Field Interview）。访谈对象是研发部和营销部的负责人和骨干，了解企业的一些基本情况（产权性质、企业规模、所属产业）以及部门之间相互信任关系和合作情况。访谈目的包括两方面：一是验证初步研究思路，就初始假设征询被访谈者的意见，以检验研究思路是否与现实相符合；二是征询被访谈者对本研究重要问题的意见，包括研究模型的表面有效性（Face Validity）以及各变量的测度，以充实完善问卷量表。通过田野考察，逐步形成初始调查问卷。然后征求专家和相关人员的意见，将问卷以电子邮件的形式发给桂林电子科技大学、浙江大学、中国矿业大学等若干参研人员，以征求各位专家和研究相关人员对初步问卷量表的意见，根据建议对初始问卷量表进行修改，形成了修改后的调查问卷。再则，对修改后的问卷量表进行预测试，以验证问卷量表中指标设置和问卷表述的合理性。预测试的范围主要选择桂林、武汉、深圳三地的11家企业，调查对象为研发部和营销部的负责人和员工。根据被测试者的反馈和建议，对一些测度题项的表述方式和语言进行修改，在此基础上形成了最终调查问卷。

跨部门信任量表的内容如表4－3所示，由跨部门信任的能力、善意、开放性三个维度组成，共计12题。此量表以文献探讨的方式，并参考其他研究的量表编制而成。

表4－3 跨部门信任量表

维度	测量题项		参考来源
能力	第1题	我们对彼此部门的工作能力怀有充分的信心	自编
	第2题	对方部门有能力完成组织安排的任务	
	第3题	对方部门有能力完成他们承诺所要做的	
	第4题	对方部门明白在他们试着去做的事情上将会成功	
善意	第5题	对方部门会在我们部门需要时提供支持和协助	Doney & Cannon（1997） Ganesan（1994）
	第6题	对方部门会随时将大家的共同利益放在心上	
	第7题	对方部门不会做出有损其他部门的事	
	第8题	对方部门会体谅我们部门工作中的难处，并在合理的范围内能够给予考虑	
开放性	第9题	在和对方部门沟通时，可以很轻易地分享彼此的感觉、想法	徐暄淯（2004） 杨丰华、陈嘉宏（2004）
	第10题	对方部门会为我们部门提供有用信息	
	第11题	当我们提出工作中所遇到的问题时，对方部门可以很快速地做出回应	
	第12题	对方部门通常会以诚恳的态度去面对我们部门所提出的建议	

跨部门合作量表的内容如表4－4所示，由跨部门合作的目标达成度、合作满意度两个维度构成，共计7题。此量表参考其他研究的相关量表编制而成。

表4－4 跨部门合作量表

维度	测量题项		参考来源
目标达成度	第13题	部门之间能够很好地达成组织目标	陈正男、李胜祥（1997）
	第14题	部门之间对相互合作有着共同的看法	
	第15题	部门之间的合作对双方都是有利的	
	第16题	部门之间的合作是成功的	
合作满意度	第17题	我们部门彼此是很好的合作对象	李雨师（2001） 黄怡青（2002）
	第18题	对于部门之间合作的结果，我们感到满意	
	第19题	我们很满意部门之间的合作关系	

对于企业统计变量，研究主要考察产权性质、企业规模、所属产业等内容。其中，产权性质划分为国有企业、集体企业、民营企业、外资企业、股份制企业。企业规模依据《统计上大中小型企业划分办法（暂行）》划分为小型企业（300 人以下）、中型企业（300—2000 人）、大型企业（2000 人以上）。在此考虑到其他相关研究通常采用的处理办法，我们将政策上规定的小型企业再细分为小微企业（50 人以下）、小型企业（50—300 人）。所属产业依据《国家级高新技术产业开发区高新技术企业认定条件和办法》划分为电子信息产业、生物工程与制药业、新材料产业、先进制造业、航空航天业、其他等。

对于部门统计变量，研究主要考察部门主管的性别差异、兴趣相似性、主观认知相似性等内容。其中，部门主管性别差异分为性别相同和性别不同，部门主管兴趣相似性分为兴趣相似和兴趣不同，部门主管主观认知相似性分为主观认知相似和主观认知不同。

第四节　数据采集

本研究将采取问卷调查法来搜集数据，因为这种方法比较适合实证性资料的搜集与分析。为了充分反映问卷量表的效度，本研究所选取的受测企业较多，且每一家受测企业填答问卷量表的份数最低要求是研发部与营销部各一份。研究采取简单随机抽样的方式抽取样本，采集样本为广西、广东、湖南、湖北、江苏、浙江、上海、北京 8 个省市的企业，从中筛选出电子信息、生物与制药、材料、制造、航空航天、核技术与新能源等行业的 300 家高新技术企业。调查问卷发放分为间接发放和现场发放两种形式进行：

第一种形式是采用以信函方式进行间接发放。本书根据 Dillman（1978）描述的全面设计方法（Total Design Method），向 300 家企业寄出 600 份调查问卷和邮资已付的返回信封及说明信函，并附上样本选择和被调查对象选择的基本要求，请他们选择研发部和营销部的员工进行调查。说明信函用来确定研究的发起人并说明调查的日的和重要性。在首次问卷寄出三个星期后再次寄出催函，并选择恰当的时间与被调查企业进行电话联系或者通过社会关系与被调查者联系，以提高其回答问卷的积极性，但是以间接形式发放的问卷回收率仍然不是太高。

第二种形式是现场发放。我们专门成立了一个 4 人组成的研究小组。研究者事先通过电话或传真的方式与 11 家符合条件的企业取得联系进行预约，征得同意后在约定的时间到达被调查企业。调查开始前，先向对方说明此次调研目的和方式，特别是尽量向对方说明本问卷量表的目的，特别申明本量表调研不涉及商业秘密，仅供学术统计研究之用，且不会外传，不存在泄露公司机密等类似情况，以争取对方的配合支持，请求协助作答；然后调查人员就量表中的有关问题进行解释，并指导被调查者填写量表；最后，尽量当场就能够获得填答好的量表资料，对不能及时填写的情况，务必获得其电子邮件地址等必要的联系方式，并在电子邮件里再次明确调研的注意事项，将问卷量表及时发到联系人手中，通过设置回执的方式加以确认，为以后的量表填写提供保障。由于双方的信任度较高，现场发放的问卷回收率达到 100%。

本次问卷调查前后历时 2 个月，间接发放扣除无效问卷 44 份，获得有效问卷 82 份，以及现场发放获得有效问卷 22 份，最后共获得有效问卷 104 份，问卷有效回收率为 16.7%。问卷调查的描述性统计分析如表 4－5 所示。

表 4－5 **样本描述性统计分析**

企业统计变量	资料类别	样本数	百分比（%）
产权性质	国有企业	24	23.1
	民营企业	38	36.5
	外资企业	15	14.4
	股份企业	27	26.0
企业规模	50 人以下	26	25.0
	50—300 人	14	13.5
	300—2000 人	24	23.1
	2000 人以上	40	38.5

续表

企业统计变量	资料类别	样本数	百分比（%）
企业所属产业	电子信息产业	52	50.0
	生物工程与制药业	4	3.8
	新材料产业	8	7.7
	先进制造业	30	28.8
	航空航天业	6	5.8
	其他	4	3.8

第五节　量表分析

一　信度分析

研究采用 Cronbach's α 系数来衡量各量表的可靠性。根据 Wortzel（1979）的建议，只要 Cronbach's α 系数介于 0.7 至 0.98 之间，则可判定为高信度，若低于 0.35 便需予以拒绝，对于探索性研究可以给予较宽松的标准。

本研究量表的信度分析结果如表 4－6 和表 4－7 所示。Cronbach's α 系数都在 0.7 以上，大部分的总相关系数也在 0.5 以上。第 5、9 题的总相关系数低于 0.5，但仍然高于 0.4，该部分题项的 Cronbach's α 也超过了 0.7，因此该题项可以接受。本研究属于探索性研究，因此从整体上看，可以认为研究量表具有较高的信度水平。

表 4－6　**跨部门信任量表的信度分析**

能力		总相关系数	Cronbach's α
题项	第 1 题	0.68	0.82
	第 2 题	0.74	
	第 3 题	0.59	
	第 4 题	0.58	

续表

善意		总相关系数	Cronbach's α
题项	第 5 题	0. 46	0. 76
	第 6 题	0. 64	
	第 7 题	0. 52	
	第 8 题	0. 62	
开放性		总相关系数	Cronbach's α
题项	第 9 题	0. 50	0. 72
	第 10 题	0. 48	
	第 11 题	0. 64	
	第 12 题	0. 45	

表 4－7 **跨部门合作量表的信度分析**

目标达成度		总相关系数	Cronbach's α
题项	第 13 题	0. 58	0. 81
	第 14 题	0. 65	
	第 15 题	0. 62	
	第 16 题	0. 64	
合作满意度		总相关系数	Cronbach's α
题项	第 17 题	0. 70	0. 87
	第 18 题	0. 76	
	第 19 题	0. 82	

二 效度分析

本研究研究模型的量表是在综合国内外文献与理论研究的基础上构建的，并寻求相关领域专家和人力资源部经理的宝贵意见来取得良好的内容效度。本问卷量表初步编制完成后，为使填答者能够充分了解问卷量表的内涵，提高可读性，在正式寄发问卷前，又进行了试测，请包括 3 位部门领导在内的测试者试答问卷，对问卷内容加以讨论后，再次修改问卷内容后才大量寄出。因此，本问卷量表应具有相当程度的内容效度。

研究通过 SPSS 21.0 进行探索性因子分析（Exploratory Factor Analysis，简称 EFA）。我们对样本进行 KMO 检验（Kaiser-Meyer-Olkin Test）和巴特利特球形检验（Bartlett Test Sphericity）。KMO 检验用于比较变量的简单相关和偏相关系数，如果 KMO 值越接近于 1，则所有变量的简单相关系数平方和大于偏相关系数的平方和，所以越适合做因子分析。一般而言，KMO 值应大于等于 0.8 才表示适合做因子分析，否则不适合做因子分析（Kaiser，1974）。巴特利特球形检验（Bartlett Test Sphericity）是根据相关系数矩阵行列式得到统计量。如果该值较大，其对应的相伴概率值小于设定的显著性水平，那么应该拒绝零假设，认为原有变量之间存在相关性，适合做因子分析。研究采用斜交极大旋转法抽取因子，以特征根大于等于 1 来确定抽取有效因子。判断是否保留题项的标准如下：该题项在某一因子上的载荷超过 0.5；该指标不存在交叉载荷，即不在两个因子上都有超过 0.4 的载荷。

研究采用 Amos 20.0 软件进行验证性因子分析（Confirmatory Factor Analysis，简称 CFA）来检验各变量的结构效度。根据陈晓萍、徐淑英和樊景立（2012）、陈晓萍和沈伟（2018）的建议，结构方程模型的拟合指标的参考标准如表 4－8 所示。

表 4－8　**结构方程模型拟合指标参考值**

拟合指标	χ^2/df	CFI	TLI	SRMR	RMSEA
参考值	<3	>0.90	>0.90	<0.1	<0.08

1. 跨部门信任的效度分析

跨部门信任量表的 EFA 分析结果如 4－9 所示。KMO 值为 0.84，巴特利特球形检验的卡方值是 460.68，显著性概率为 0.00，表明该量表适合进行因子分析。因子分析抽取出三个特征值大于 1 的因子，即能力、善意和开放性，其特征值分别为 4.82、1.56 和 1.08。因子累积方差贡献率为 62.19%，超过 50%。12 个测量题项的因子载荷都超过 0.5，且不存在交叉载荷。

表4－9　　**跨部门信任量表的探索性因子分析**

测量题项	因子载荷		
	能力	善意	开放性
X1	0.81		
X2	0.84		
X3	0.63		
X4	0.76		
X5		0.64	
X6		0.83	
X7		0.53	
X8		0.78	
X9			0.56
X10			0.63
X11			0.71
X12			0.85
特征值	4.82	1.56	1.08
方差贡献率	40.20%	13.00%	9.00%
KMO		0.84	
巴特利特球形检验卡方值		460.68	
Sig.		0.00	

跨部门信任量表的CFA分析结果如图4－2和表4－10所示，模型的拟合结果$\chi^2/df=1.28$、TLI＝0.96、CFI＝0.97、SRMR＝0.07、RMSEA＝0.05，各项拟合指数都达到理想值，这说明模型的拟合效果符合要求。

表4－10列出了各题项的参数估计，跨部门信任子量表中潜变量对显变量因子载荷的临界比（C.R.）都大于1.96，标准差都大于0，估计的R^2大多数都大于0.3。虽然X5和X12的R^2略小于0.3，但是考虑到样本量仅为104个，显变量对因子的解释能力也基本符合要求，暂不删除任何变量。由此可见，跨部门信任的题项可以表征各维度（潜变量）的内涵，故结构效度符合要求。

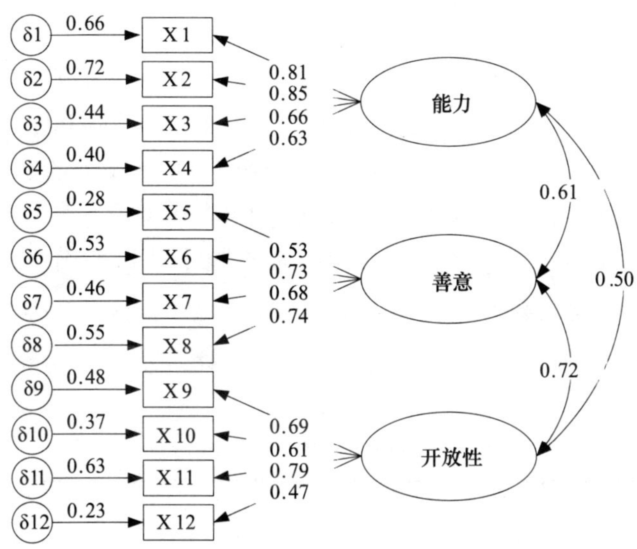

图 4－2　跨部门信任量表的验证性因子模型

表 4－10　跨部门信任量表的验证性因子分析参数估计

因子	显变量	标准化估计值	估计值	标准差	临界比（C. R.）	R^2
能力	X1	0.81	1.00	——	——	0.66
	X2	0.85	0.94	0.10	9.33	0.72
	X3	0.66	0.77	0.12	6.57	0.44
	X4	0.63	0.65	0.10	6.29	0.40
善意	X5	0.53	1.00	——	——	0.28
	X6	0.73	1.48	0.30	4.86	0.53
	X7	0.68	1.34	0.30	4.52	0.46
	X8	0.74	1.28	0.27	4.75	0.55
开放性	X9	0.69	1.00	——	——	0.48
	X10	0.61	0.67	0.13	5.17	0.37
	X11	0.79	0.95	0.16	6.07	0.63
	X12	0.47	0.74	0.18	4.07	0.23

2. 跨部门合作的效度分析

跨部门合作量表的 EFA 分析结果如 4－11 所示。KMO 值为 0.84，巴特利特球形检验的卡方值是 369.06，显著性概率为 0.00，表明该量表适合进行因子分析。因子分析抽取出三个特征值大于 1 的因子，即目标达成度和合作满意度，其特征值分别为 1.02 和 4.04。因子累积方差贡献率为 72.33%，超过 50%。其中，6 个测量题项的因子载荷超过 0.5，且不存在交叉载荷，仅有 Y1 的因子载荷略低于 0.5，但高于 0.4，仍处于可接受范围。

表 4－11 **跨部门合作量表的探索性因子分析**

测量题项	因子载荷	
	目标达成度	合作满意度
Y1		0.47
Y2		0.79
Y3		0.81
Y4		0.77
Y5	0.81	
Y6	0.86	
Y7	0.88	
特征值	1.02	4.04
方差贡献率	57.70%	14.62%
KMO	0.84	
巴特利特球形检验卡方值	369.06	
Sig.	0.00	

跨部门合作量表的 CFA 分析结果如图 4－3 和表 4－12 所示，模型的拟合结果 $\chi^2/df = 1.62$、TLI = 0.96、CFI = 0.98、SRMR = 0.05、RMSEA = 0.08，各项拟合指数都达到理想值，这说明模型的拟合效果符合要求。

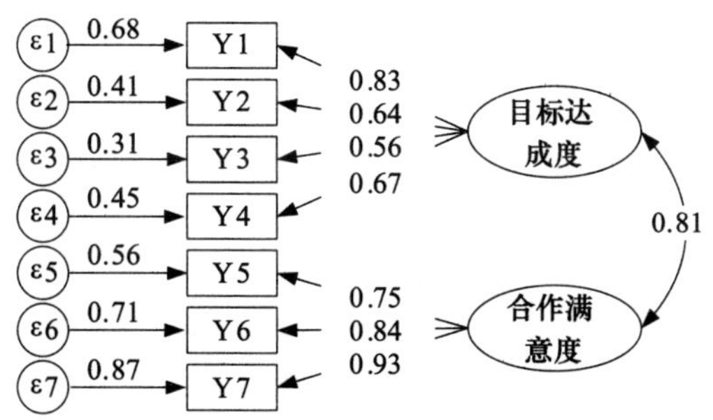

图 4－3 跨部门合作验证性因子模型

表 4－12 列出了各题项的参数估计，跨部门合作子量表中潜变量对显变量因子载荷的临界比（C. R.）都大于 1.96，标准差都大于 0，估计的 R^2 均大于 0.3，显变量对因子的解释能力符合要求，故不删除任何变量。由此可见，跨部门合作的题项可以表征各维度（潜变量）的内涵，故结构效度符合要求。

表 4－12 **跨部门合作验证性因子分析参数估计**

因子	显变量	标准化估计值	估计值	标准差	临界比（C. R.）	R^2
目标达成度	Y1	0.83	1.00	——	——	0.68
	Y2	0.64	0.94	0.17	5.71	0.41
	Y3	0.56	0.74	0.14	5.21	0.31
	Y4	0.67	0.90	0.15	6.23	0.45
合作满意度	Y5	0.75	1.00	——	——	0.56
	Y6	0.84	1.13	0.13	8.64	0.71
	Y7	0.93	1.26	0.13	9.53	0.87

3. 量表的区分效度分析

为了检验所有量表的区分效度，研究对跨部门信任与合作等变量进行验证性因子分析。分析结果如表 4－13 所示，其中五因素模型的拟合效果最优（χ^2/df = 1.08，TLI = 0.99，CFI = 0.99，SRMR = 0.07，RMSEA = 0.03），这说明本研究所涉及的两个变量具有良好的区分效度。

我们采用 Harman 单因子法检验共同方法偏差。分析结果表明，单因素模型的拟合效果最差，且五因素模型的拟合效果明显优于单因素模型，这表明不存在严重的共同方法偏差。

表 4－13　**量表的验证性因子分析**

模型	因子结构	χ^2/df	TLI	CFI	SRMR	RMSEA
五因素模型	能力；善意；开放性；目标达成度；合作满意度	1.08	0.99	0.99	0.07	0.03
四因素模型	能力＋善意；开放性；目标达成度；合作满意度	1.38	0.93	0.94	0.08	0.06
四因素模型	能力；善意＋开放性；目标达成度；合作满意度	1.29	0.95	0.96	0.07	0.05
四因素模型	能力＋开放性；善意；目标达成度；合作满意度	1.38	0.93	0.94	0.08	0.06
四因素模型	能力；善意；开放性；目标达成度＋合作满意度	1.43	0.92	0.94	0.08	0.06
三因素模型	能力＋善意＋开放性；目标达成度；合作满意度	1.56	0.90	0.91	0.08	0.07
两因素模型	能力＋善意＋开放性；目标达成度＋合作满意度	1.77	0.86	0.88	0.09	0.09
单因素模型	能力＋善意＋开放性＋目标达成度＋合作满意度	1.97	0.82	0.85	0.09	0.10

第六节　假设检验

一　相关分析

研究运用 SPSS 21.0 对跨部门信任、跨部门合作等变量进行 Pearson 相关分析，相关系数矩阵如表 4－14 所示。跨部门合作的目标达成度与跨部门信任的能力（$r=0.31$，$p<0.01$）、善意（$r=0.57$，$p<0.01$）、开放性（$r=0.37$，$p<0.01$）显著正相关，跨部门合作的合作满意度与跨部门信任的能力（$r=0.71$，$p<0.01$）、善意（$r=0.60$，$p<0.01$）、开放性（$r=0.63$，$p<0.01$）也显著正相关。

表 4－14　　变量的均值与标准差及相关系数矩阵

变量	能力	善意	开放性	目标达成度	合作满意度
均值	5.01	4.64	4.72	4.81	4.79
标准差	0.99	1.04	1.00	1.09	1.11
能力	—				
善意	0.54 **	—			
开放性	0.38 **	0.52 **	—		
目标达成度	0.31 **	0.57 **	0.37 **	—	
合作满意度	0.71 **	0.60 **	0.60 **	0.63 **	—

注：* 表示 $p<0.05$，** 表示 $p<0.01$。

二　初始模型分析

关于 SEM 的样本量大小，很多文献的建议都十分含混，甚至相互矛盾（Marsh，Hau，Balla & Grayson，1998）。侯杰泰、温忠麟和成子娟（2004）在总结各种文献研究结果后认为，大多数模型需要至少 100—200 个样本。当样本不够大时，应尝试以更多的指标测量每个潜变量。一般而言，每个潜变量至少应有 3 个显变量。本研究的样本量为 104 个，每个潜变量最少有 3 个显变量指标，达到基本要求，因此适合做 SEM 分析。

研究设计了基于 Amos 20.0 的初始 SEM。初始 SEM 中共有 5 个潜变量和 19 个显变量，其中，能力、善意和开放性等三个潜变量是外生变量（Exogenous Variables），目标达成度和合作满意度两个潜变量是内生变量（Endogenous Variables）。此外，除了潜变量和显变量外，模型中还存在 δ1—δ12、ε1—ε7 共 19 个显变量的残余变量（Residual Variance）和 ξ1—ξ5 五个潜变量的残余变量，它们的路径系数默认值为 1。初始 SEM 路径图如图 4－4 所示。

经过 Calculate Estimates 计算，初始模型的拟合指标 $\chi^2/df=1.57$、TLI＝0.89、CFI＝0.91、SRMR＝0.08、RMSEA＝0.08，所有拟合指标均通过参考标准，这表明初始模型的拟合效果较好，参数估计如表 4－15 所示。

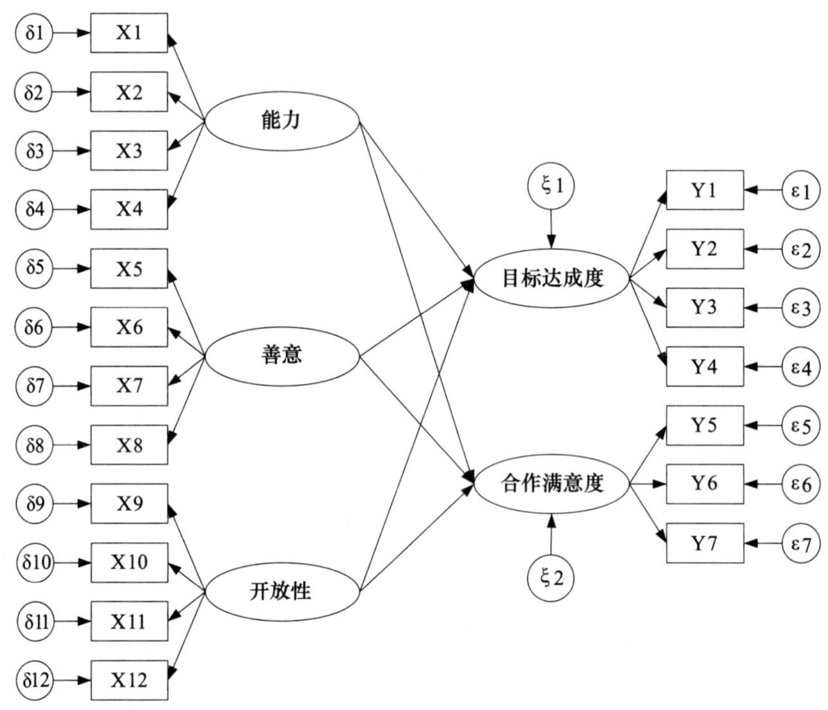

图 4－4 初始全模型路径图

表 4－15 **初始模型的参数估计**

关系路径	标准化估计值	估计值	标准差	临界比（C. R.）	P
能力→目标达成度	－0.18	－0.15	0.14	－1.10	0.27
善意→目标达成度	0.75	0.93	0.37	2.53	0.01
开放性→目标达成度	0.19	0.17	0.20	0.83	0.41
能力→合作满意度	0.36	0.32	0.10	3.08	0.00
善意→合作满意度	0.25	0.33	0.24	1.39	0.17
开放性→合作满意度	0.46	0.43	0.15	2.84	0.01
能力→X1	0.80	1.00	—	—	0.00
能力→X2	0.82	0.92	0.10	8.90	0.00
能力→X3	0.68	0.82	0.12	6.62	0.00
能力→X4	0.66	0.70	0.11	6.43	0.00
善意→X5	0.54	1.00	—	—	0.00

续表

关系路径	标准化估计值	估计值	标准差	临界比（C. R.）	P
善意→X6	0.72	1.45	0.29	5.00	0.00
善意→X7	0.62	1.22	0.27	4.52	0.00
善意→X8	0.75	1.27	0.26	4.98	0.00
开放性→X9	0.69	1.00	—	—	0.00
开放性→X10	0.54	0.58	0.12	4.79	0.00
开放性→X11	0.81	0.97	0.15	6.50	0.00
开放性→X12	0.44	0.69	0.18	3.87	0.00
目标达成度→Y1	0.72	1.00	—	—	0.00
目标达成度→Y2	0.73	1.23	0.20	6.11	0.00
目标达成度→Y3	0.68	1.03	0.18	5.86	0.00
目标达成度→Y4	0.73	1.13	0.18	6.40	0.00
合作满意度→Y5	0.78	1.00	—	—	0.00
合作满意度→Y6	0.82	1.07	0.12	8.89	0.00
合作满意度→Y7	0.92	1.21	0.12	9.97	0.00

研究假设的检验分析如下：

能力与目标达成度之间路径系数的标准化估计值为 -0.18，临界比（C. R.）为 -1.10，小于推荐标准 1.96，路径系数在 0.05 水平上不显著，这说明跨部门信任的能力对跨部门合作的目标达成度的影响并不显著，故假设 H1 - a 不成立。

善意到目标达成度之间路径系数的标准化估计值为 0.75，临界比（C. R.）为 2.53，大于推荐标准 1.96，路径系数在 0.01 水平上显著，这说明跨部门信任的善意对跨部门合作的目标达成度具有显著正向影响，故假设 H1 - b 成立。

开放性到目标达成度之间路径系数的标准化估计值为 0.19，临界比（C. R.）为 0.83，小于推荐标准 1.96，路径系数在 0.05 水平上不显著，这说明跨部门信任的开放性对跨部门合作的目标达成度的影响并不显著，故假设 H1 - c 不成立。

能力到合作满意度之间路径系数的标准化估计值为0.36，临界比（C. R.）为3.08，大于推荐标准1.96，路径系数在0.01水平上显著，这说明跨部门信任的能力对跨部门合作的合作满意度具有显著正向影响，故假设H2－a成立。

善意到合作满意度之间路径系数的标准化估计值为0.25，临界比（C. R.）为1.39，小于推荐标准1.96，路径系数在0.05水平上不显著，这说明跨部门信任的善意对跨部门合作的合作满意度的影响并不显著，故假设H2－b不成立。

开放性到合作满意度之间路径系数的标准化估计值为0.46，临界比（C. R.）为2.84，大于推荐标准1.96，路径系数在0.01水平上显著，这说明跨部门信任的开放性对跨部门合作的合作满意度具有显著正向影响，故假设H2－c成立。

三 修正模型分析

Amos 20.0的数据分析不仅给出了模型拟合结果，同时还给出了修正指标（Modification Indices）。某些变量的修正指标较大，说明原来的假设模型没有考虑到这些变量之间的强相关关系，使得路径分析的条件无法达到，需要对模型做出修正，以承认这些变量之间的关系。一般而言，取 $\alpha = 0.05$ 水平时，对M. I. >3.84以上的参数路径进行修改是适当的（侯杰泰、温忠麟、成子娟，2004）。Amos的模型调整并不是一次或两次就能够完全实现的，每次经过模拟之后的模型，软件都会在拟合结果中给出相应的调整指标，通过建立变量之间关系来消除路径偏差，最终得到能够跟数据拟合的模型。根据上述方法，我们添加了“善意→能力”、“善意→开放性”、“目标达成度→合作满意度”等路径关系。经过Calculate Estimates计算，修正模型的拟合指标 $\chi^2/df = 1.43$、TLI =0.92、CFI =0.93、SRMR =0.08、RMSEA =0.07，所有拟合指标均符合参考标准，这表明修正模型的拟合效果较好，参数估计如表4－16所示。

表 4－16　**修正模型的参数估计**

关系路径	标准化估计值	估计值	标准差	临界比（C. R.）	P
能力→目标达成度	－0. 19	－0. 16	0. 14	－1. 17	0. 24
善意→目标达成度	0. 80	0. 99	0. 33	3. 02	0. 00
开放性→目标达成度	0. 06	0. 06	0. 17	0. 33	0. 74
能力→合作满意度	0. 59	0. 54	0. 13	4. 16	0. 00
善意→合作满意度	－0. 40	－0. 52	0. 31	－1. 66	0. 10
开放性→合作满意度	0. 48	0. 44	0. 13	3. 41	0. 00
善意→能力	0. 66	0. 93	0. 22	4. 27	0. 00
善意→开放性	0. 73	1. 03	0. 25	4. 12	0. 00
目标达成度→合作满意度	0. 57	0. 59	0. 17	3. 60	0. 00
能力→X1	0. 78	1. 00	—	—	0. 00
能力→X2	0. 81	0. 92	0. 11	8. 65	0. 00
能力→X3	0. 70	0. 85	0. 13	6. 69	0. 00
能力→X4	0. 67	0. 72	0. 11	6. 48	0. 00
善意→X5	0. 55	1. 00	—	—	0. 00
善意→X6	0. 73	1. 42	0. 28	5. 12	0. 00
善意→X7	0. 65	1. 23	0. 26	4. 67	0. 00
善意→X8	0. 74	1. 24	0. 25	5. 06	0. 00
开放性→X9	0. 71	1. 00	—	—	0. 00
开放性→X10	0. 56	0. 59	0. 12	4. 90	0. 00
开放性→X11	0. 80	0. 94	0. 14	6. 52	0. 00
开放性→X12	0. 46	0. 71	0. 17	4. 11	0. 00
目标达成度→Y1	0. 73	1. 00	—	—	0. 00
目标达成度→Y2	0. 73	1. 21	0. 19	6. 41	0. 00
目标达成度→Y3	0. 66	0. 98	0. 17	5. 91	0. 00
目标达成度→Y4	0. 73	1. 10	0. 17	6. 61	0. 00
合作满意度→Y5	0. 78	1. 00	—	—	0. 00
合作满意度→Y6	0. 83	1. 08	0. 12	9. 17	0. 00
合作满意度→Y7	0. 90	1. 18	0. 12	10. 17	0. 00

由此可见，修正模型中添加关系路径的标准化估计值都在0. 5—0. 8

之间，且临界比（C. R.）的值都大于1.96，标准差都大于零，这表明修正模型满足拟合标准。具体而言，善意到能力之间路径系数的标准化估计值为0.66，临界比（C. R.）为4.27，大于推荐标准1.96，路径系数在0.01水平上显著，这说明跨部门信任的善意对能力具有显著正向影响。再则，善意到开放性之间路径系数的标准化估计值为0.73，临界比（C. R.）为4.12，大于推荐标准1.96，路径系数在0.01水平上显著，这说明跨部门信任的善意对开放性具有显著正向影响。然后，目标达成度到合作满意度之间路径系数的标准化估计值为0.57，临界比（C. R.）为3.60，大于推荐标准1.96，路径系数在0.01水平上显著，这说明跨部门合作的目标达成度对合作满意度具有显著正向影响。修正后的跨部门信任与合作关系如图4－5所示。

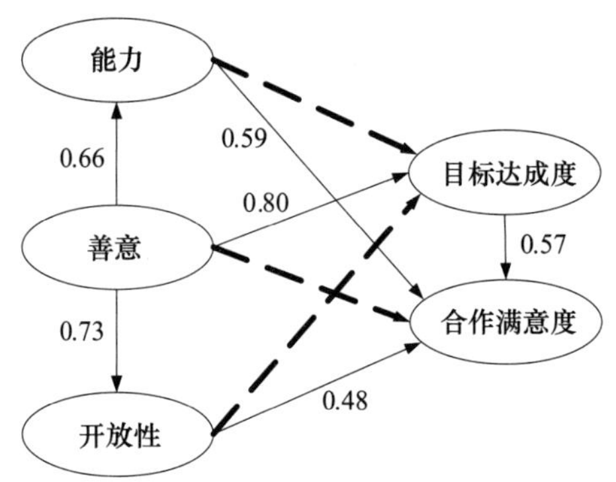

图4－5 跨部门信任与合作关系路径图

四 方差分析

研究将以单因子ANONA分析来检验组织统计变量对跨部门信任的能力、善意、开放性是否具有显著性差异。

1. 产权性质

由表4－17的分析结果可知，产权性质对跨部门信任的能力（$F=0.64$，ns.）、开放性（$F=0.59$，ns.）不具有显著性差异，而对善意（$F=2.80$，$p<0.05$）具有显著性差异。因此，需要进一步采取LSD多重比较分析，以检验各组均值的差异。

表4－17　产权性质对跨部门信任的ANONA分析

观察变量	类别	平均值	标准差	F	p
能力	国有企业	4.79	0.85	0.82	0.49
	民营企业	5.12	1.12		
	外资企业	5.22	1.10		
	股份制企业	4.93	0.85		
善意	国有企业	4.33[a]	0.89	3.29	0.02
	民营企业	5.05[a,b,c]	1.06		
	外资企业	4.43[b]	1.26		
	股份制企业	4.47[c]	0.85		
开放性	国有企业	4.61	0.84	0.79	0.50
	民营企业	4.84	1.04		
	外资企业	4.42	1.10		
	股份制企业	4.81	1.03		

注：a、b、c代表所标注数值之间大小关系至少在0.05水平显著，如国有企业（4.33）和民营企业（5.05）的均值都标有a，表明后者显著（$p<0.05$）大于前者。

根据表4－17，采取LSD多重比较分析检验各组在善意上的差异发现，“民营企业”组与“国有企业”、“外资企业”、“股份制企业”之间的p值显著。通过平均数比较之后发现，“国有企业”、“外资企业”、“股份制企业”这三组的善意明显低于“民营企业”组。分析表明，在民营企业中部门之间具有较高善意，这可能是因为民营企业的规模一般都不大，而主要成员多是亲戚、朋友、同学等，这些人本身具有较高的社会关联度，所以在善意上表现出较高水平。

2. 企业规模

由表4－18的分析结果可知，企业规模对跨部门信任的能力（$F=3.10$，$p<0.05$）、善意（$F=3.38$，$p<0.05$）、开放性（$F=2.80$，$p<0.05$）均具有显著性差异。因此，需要进一步采取LSD多重比较分析，以检验各组均值的差异。

表 4－18 **企业规模对跨部门信任的 ANONA 分析**

观察变量	类别	平均值	标准差	F	p
能力	50 人以下	5.19[a]	0.71	3.10	0.03
	50—300 人	4.29[a,b,c]	1.10		
	300—2000 人	5.11[b]	0.98		
	2000 人以上	5.08[c]	1.05		
善意	50 人以下	5.15[a,b,c]	0.86	3.38	0.02
	50—300 人	4.29[a]	1.00		
	300—2000 人	4.40[b]	1.07		
	2000 人以上	4.59[c]	1.04		
开放性	50 人以下	5.28[a,b,c]	0.80	4.66	0.00
	50—300 人	4.21[a]	1.29		
	300—2000 人	4.65[b]	0.84		
	2000 人以上	4.58[c]	0.97		

注：a、b、c 代表所标注数值之间大小关系至少在 0.05 水平显著。

根据表 4－18，采取 LSD 多重比较分析检验各组在能力、善意、开放性上的差异发现：对于能力，“50—300 人”组与“50 人以下”、“300—2000 人”、“2000 人以上”三组之间的 p 值显著，通过平均数比较之后发现，“50 人以下”、“300—2000 人”、“2000 人以上”这三组的能力明显高于“50—300 人”组；对于善意，“50 人以下”组与“50—300 人”、“300—2000 人”、“2000 人以上”三组之间的 p 值显著，通过平均数比较之后发现，“50 人以下”、“300—2000 人”、“2000 人以上”这三组的善意明显低于“50—300 人”组；对于开放性，“50 人以下”组与“50—300 人”、“300—2000 人”、“2000 人以上”三组之间的 p 值显著，通过平均数比较之后发现，“50 人以下”、“300—2000 人”、“2000 人以上”这三组的开放性明显低于“50—300 人”组。分析表明，随着企业规模不断增长，部门之间对彼此能力的信任不断提升，但是对彼此善意和开放性的信任却不断降低。这可能是因为，企业规模的增长也就意味着竞争实力和工作效率在一定程度上的提升，但是规模增长也会给内部友好沟通和开放交流带来一定阻碍。

3. 所属产业

由表4－19的分析结果可知，所属产业对跨部门信任的能力（F＝3.10，ns.）、善意（F＝3.38，ns.）、开放性（F＝2.80，ns.）均不具有显著性差异。换言之，不管是所属何种产业，跨部门信任在能力、善意、开放性上都没有区别。

表4－19　**所属产业对跨部门信任的ANONA分析**

观察变量	类别	平均值	标准差	F	P
能力	电子信息产业	5.11	1.07	0.41	0.84
	生物工程与制药业	4.63	1.38		
	新材料产业	5.03	1.03		
	先进制造业	4.97	0.84		
	航空航天业	4.79	0.58		
	其他	4.63	1.42		
善意	电子信息产业	4.71	1.08	1.13	0.35
	生物工程与制药业	4.06	1.39		
	新材料产业	4.63	0.85		
	先进制造业	4.78	0.99		
	航空航天业	4.46	0.75		
	其他	3.69	0.90		
开放性	电子信息产业	4.77	1.06	0.45	0.82
	生物工程与制药业	4.19	1.46		
	新材料产业	4.66	1.20		
	先进制造业	4.68	0.95		
	航空航天业	5.04	0.46		
	其他	4.44	0.31		

4. 部门主管性别差异

研究将部门主管性别差异分为性别相同、性别不同两类。由表4－20的分析结果可知，部门主管性别差异对跨部门信任的能力（F＝

1.44，ns.）、善意（F=1.47，ns.）、开放性（F=0.40，ns.）均不具有显著性差异。换言之，不管部门主管性别相同还是不相同，对跨部门信任的能力、善意、开放性的看法是一致的。

表4-20 **部门主管性别差异对跨部门信任的ANONA分析**

观察变量	类别	平均值	标准差	F	p
能力	性别相同	4.94	1.01	1.44	0.23
	性别不同	5.20	0.93		
善意	性别相同	4.57	1.05	1.47	0.23
	性别不同	4.85	0.99		
开放性	性别相同	4.68	1.03	0.40	0.53
	性别不同	4.82	0.92		

5. 部门主管兴趣相似性

研究将部门主管兴趣相似性分为兴趣相似、兴趣不同两类。由表4-21的分析结果可知，部门主管兴趣相似性对跨部门信任的能力（F=2.72，ns.）、开放性（F=1.12，ns.）不具有显著性差异，而对善意（F=6.94，$p<0.01$）具有显著性差异。换言之，部门主管兴趣相似与否对跨部门信任的能力、开放性没有影响，但是拥有相似兴趣爱好的部门主管会持有更高的善意。

表4-21 **部门主管兴趣相似性对跨部门信任的ANONA分析**

观察变量	类别	平均值	标准差	F	p
能力	兴趣相似	5.41	1.16	2.72	0.10
	兴趣不同	4.94	0.96		
善意	兴趣相似	5.30	0.98	6.94	0.01
	兴趣不同	4.54	1.01		
开放性	兴趣相似	4.98	1.04	1.12	0.29
	兴趣不同	4.68	1.00		

6. 部门主管主观认知相似性

研究将部门主管主观认知相似性分为主观认知相似、主观认知不同两类。由表4－22的分析结果可知，部门主管主观认知相似性对跨部门信任的能力（F＝10.54，p＜0.01）、善意（F＝5.72，p＜0.05）具有显著性差异，但对开放性（F＝3.55，ns.）不具有显著性差异。换言之，部门主管主观认知相似与否对跨部门信任的开放性没有影响，但是拥有相似主观认知的部门主管会持有更高的能力和善意。

表4－22　**部门主管认知相似性对跨部门信任的 ANONA 分析**

观察变量	类别	平均值	标准差	F	p
能力	主观认知相似	5.25	0.91	10.54	0.00
	主观认知不同	4.63	1.00		
善意	主观认知相似	4.83	0.99	5.72	0.02
	主观认知不同	4.34	1.05		
开放性	主观认知相似	4.86	0.94	3.55	0.06
	主观认知不同	4.49	1.07		

第七节　研究小结

研究基于104份数据探讨跨部门信任与合作之间关系，研究发现跨部门信任的善意对目标达成度具有正向影响，而跨部门信任的能力和开放性对合作满意度具有正向影响。再则，研究还发现跨部门信任的善意对能力和开放性具有正向影响，而目标达成度对合作满意度具有正向影响。跨部门信任有别于以往研究有关人际、组织之间的横向信任，它的善意作为横向信任的基本构成不仅直接影响跨部门合作，而且对其他要素也具有显著影响。再则，研究运用方差分析检验了企业统计变量和部门统计变量对跨部门信任的影响，并得出了若干有价值的结论。该研究结果对跨部门信任、跨部门合作的相关理论和实践具有重要的参考价值。

有关信任与合作关系的研究，是一个理论分析和实证分析相结合解决问题并不断完善的过程。尽管本研究提出了一个跨部门信任与合作关系的研究框架，分析了能力、善意、开放性等要素影响跨部门合作的目标达成度和合作满意度的影响路径，但仍然存在许多不足之处。首先，研究仅仅从能力、善意和开放性这三方面来理解跨部门信任，并由此构建研究框架。事实上，跨部门信任还可能有很多其他的要素，诸如行为一致性、可靠性、共有价值观、责任感等，其内涵还可以更加丰富，未来的研究可以在这些方面作进一步拓展。其次，学术界对于信任与合作的影响路径一直存有争议。我们的思路是信任影响合作，但合作能否反过来影响信任，信任与合作相互作用的机理和路径为何，这也为后续研究提供了一个极佳的切入点。

第五章　组织信任与工作满意度

组织信任是组织文化的一种特征，它是指个人或群体成员遵守并忠诚于共同商定的承诺，不谋取任何额外利益的一种共同信念（Cummings & Bromiley，1996）。以往研究发现，组织信任的作用体现在影响组织成功、影响团队有效性、影响组织成员合作和影响组织成员信任度等方面（Shaw，1997）。工作满意度是员工对工作环境以及工作本身的一种主观感受，它在一定程度上也能反映员工与组织的合作水平。对于组织信任与工作满意度之间关系，其结论大多散落在相关研究之中。鉴于此，本研究探讨组织信任对工作满意度的影响，一方面关注这二者之间的直接关联，另一方面关注组织公平扮演的调节角色。这对于深入理解组织中信任的影响路径，提升工作场所工作满意度具有较好的指导意义。

第一节　概念界定

一　组织信任

一般而言，组织信任包括组织内信任和组织间信任。组织内信任是指组织成员与组织互动中产生的对组织的信赖感（Gill，Boies，Finegan & McNally，2005），而组织间信任是指不同组织之间的信赖感（马可一，2004）。本研究重点关注组织内信任。Eisenberger、Huntington、Hutchison和Sowa（1986）认为组织信任是员工感知到的组织对员工的关心程度，以及组织对员工贡献的认可和重视程度。Robert（1998）则认为组织信任是员工对组织进行系统评估后，认同其文化，认可组织制定的相关制度和规则，而且即使在不能监控组织的情境下，仍然愿意为组织作出牺牲和贡献。组织信任产生于组织与成员的互动，是员工对组织的总体感知，这种感知代表了成员对组织的信赖（Tan & Tan，2000）。这种信赖来源于员工对组织环境安全友善程度的主观评价，即员工是否愿意相信领导或组织会保护他们的利益不受侵害（洪茹燕、郭斌、Li Huiping，2019）。由此可知，组织信任是员工对组织整体的感知和信赖程度，是基于组织文化和沟通方式的组织意愿，是对组织文化和价值观的认同和支持，对组织目标和愿景的追随（曾贱，2017）。高组织信任的组织和员工通常都有共同的目标、原则与愿景（Tan & Tan，2000）。

对于组织信任的维度结构，以往研究从多种角度对其进行了划分。第一种观点，根据形成机制将组织信任分为认知型信任和情感型信任。认知型信任是指员工根据理性思考获取的信任，情感型信任则是指通过长期频繁的互动建立起来的信任（McAllister，1995）。第二种观点，根据对象将组织信任划分为人际信任和系统信任（Nyhan & Mariowe，1977）。人际信任是通过各种互相联系的工作任务，组织成员之间长期的频繁的互动建立的。系统信任则通常来源于员工对组织社会价值的感知、对组织愿景的责任感以及对组织行为的评估。第三种观点，则是将组织信任进行二维度划分为水平信任和垂直信任。水平信任是指同一级别员工之间通过长期互动产生的信任，垂直信任则是指员工对管理者以及整个组织的信任。

社会交换理论认为，个人与群体交换的基础在于能通过交换获得自己认为更宝贵的资源（Homans，1961）。这种交换源于组织内部的非正式关系，并能产生个人的信任和义务感（Blau，1964），它是一种以相互的义务和对另一方需求的承诺为基础的交互模式（Cropanzano & Mitchell，2005）。互惠原则是社会交换的核心规则（Gouldner，1960），人们可以通过合作和奖励来回报他人的信任。具体而言，定期“履行义务”或通过回报他人的利益可以产生信任（Blau，1964），社会交换理论能够对信任进行有效预测（Bercovitz，Jap & Nickerson，2006）。在组织中，员工履行工作义务获得报酬，而组织根据贡献对员工进行奖励。员工与组织各取所需，从而形成了一种相对稳定的契约交换关系。随着时间的推移，员工与组织之间的交换不断进行，形成了公平的社会交换关系，员工的组织承诺和忠诚度会逐渐提高，从而形成了对组织的信任知觉（Elfenbein & Zenger，2013）。员工在与组织的社会互动中，会通过对已经获得的价值进行回报以维系利益需要。如果员工与组织建立了公平的社会交换关系，员工则会感知到组织的重视和支持，并能在这一交换过程中满足自己的需求，这将有助于组织信任的形成。在高信任的组织中，员工不会从事自私或机会主义的行为，因为这种行为会违反随着时间的推移而形成的行为规范。特别是在他们关系中的互惠和公平准则已经内化和制度化的情况下，员工会尽力维护自己与组织之间的互惠关系和行为规范（Carson，Madhok，Vaman & John，2003）。

二 工作满意度

工作满意度是一个心理学概念，其定义最早由 Hoppock（1935）在 *Job Satisfaction* 一书中提出，并将其界定为员工对工作环境以及工作本身的一种主观感受。Locke（1969）则认为，工作满意度不仅是指员工在工作过程中对工作本身进行的主观评价，而且可以使员工产生一种积极的心理感受，这种感受包括员工自身的反应、情绪起伏和态度等。Robbins（1977）的研究进一步指出工作满意度主要是对实际工作绩效和心理期望值的差异程度的知觉和评价。Seal（1988）指出，工作满意度包括两个特性，即主观性和客观性。由上可知，工作满意度可以划分为两个部分，其一是指员工对工作本身的主观评价，其二是指员工在工作过程中由工作压力、工作环境等因素所引发的工作情绪，这种心理知觉也反映了员工的物质和心理需求。由于研究的侧重点不同，目前学术界尚未形成一致的界定，根据国内外研究，可以将工作满意度的定义归纳为如下三种：

（1）综合型：工作满意度属于单一性的概念，不涉及具体原因和形成，主要是员工对工作本身及其相关因素的一般感受（Vroom，1964）。

（2）原因型：工作满意度的高低取决于个体需求的满足程度，工作的期望报酬与实际报酬之间的差距决定了员工的工作满意度，差距越小则满意度越高（Schaffer，1953）。

（3）参考架构型：工作满意度是指员工根据自身的参考框架对工作本身以及其他工作因素的一种主观感受，这种主观感受取决于员工自身的参考框架（Smith，Kendall & Hulin，1969）。

社会交换理论认为，社会交往本质是一种交换活动（Homans，1958），是一个双边奖励的过程（Rasoolimanesh，Jaafar，Kock & Ramayah，2015），交换活动中的回报和代价支配着行为，获得优越待遇的个人可能会实施回报（Cropanzano，Rupp，Mohler & Schminke，2001）。社会交换活动与经济交换活动有所区别，主要体现在时间框架、互惠规范、义务的特殊性等方面（Blau，1964），在社会交换中，没有正式的互惠机制和确定的时间框架，而且收益没有一个确切的价格，回报也不能被讨价还价（Bock & Kim，2002），所以社会交换主要是涉及个人的心理知觉，包括责任感、感激和信任等（Blau，1964）。员工在组织中工作获取报酬，组织根据绩效考核发放报酬，这时组织与员工之间就形成了一种契约交换关系。员工会对这一过程进行知觉和评价，工作满意度就属于这一交换过程中的心理反应。当员工觉得自己与组织的关系不平衡，便会降低对组织的情感承诺，从而很难感知到工作的价值和意义，也无法获取组织的帮助和支持（Bardwick，1986；Lapalme，Stamper，Simard & Tremblay，2009），由此将对工作的厌倦转为对组织的不满意和疏远感，进而减少工作投入（Harrison，Newman & Roth，2006）。相反，如果员工与组织建立了平衡的社会交换关系，感知到来自组织的关心与支持，这将增强员工的认同感和责任感，并表现出更多积极行为（Neininger，Lehmann-Willenbrock，Kauffeld & Henschel，2010；Ng & Feldman，2011）。具体而言，员工会遵循互惠原则，协助组织实现既定目标，并持有较高的工作满意度（Cropanzano，2005；Eisenberger，Huntington，Hutchison & Sowa，1986）。因此，工作满意度是组织与成员交换过程中权衡付出与回报之后，表现出来的一种心理反应。

另外，我们根据目的和性质的差异，也可以将工作满意度的理论基础划分为过程型、情境型和工作特征型（如表5－1所示）。过程型理论主要对个人的行为选择进行探索，强调个人心理的需求和知觉会影响工作满意度；情境型理论则着重探讨个人特征、工作情境等因素对工作满意度的影响；工作特征型理论则强调工作方法对工作满意度带来的影响。

表 5 - 1　**工作满意度的理论基础**

类型	理论	内容
过程型	公平理论（Adams，1965）	工作积极性和工作态度会受到绝对报酬和相对报酬的影响。如果发现不合理，将会产生不公平感，个人将采取措施实现公平，而相对公平感会影响工作满意度。
	期望理论（Vroom，1964）	行为的激励程度取决于个人努力达成目标的期望值以及行为结果的效价。工作满意度会受到需求、期望以及效价之间的相互影响。
	社会交换理论（Homans，1958）	个体的行为会受到社会交往活动中的报酬与奖励的支配，工作满意度会受到“组织—成员”交换关系的影响。
情境型	情景现实理论（Quarstein，Mcafee. & Glassman，1992）	工作满意度受到情景特性与情景现实两个因素的影响，工作整体特征最终结果会影响工作满意度。
工作特征型	工作特征模型理论（Richard & Oldham，1974）	工作特征会影响员工的心理状态，员工对工作过程的心理感受会影响工作满意度。

资料来源：本研究整理。

三　组织公平

组织公平研究源于 Adams（1965）在《社会交换中的不公平》中提出的公平理论。该理论认为，个人会不断地将他们在工作中的投入（如教育、经验、知识、技能、努力等）与产出（如晋升、激励、职业发展、认可等）进行比较，它解释了个人对人际交往中资源公平或不公平分配的感知（Sheppard，Lewicki & Minton，1992）。Lerner（1981）认为员工对组织公平的感知包括评价性和情绪性成分，这些成分源于个人对实际所得与心理期望值的评估。Byrne 和 Cropanzano（2001）则将组织公平定义为工作场所的公平感，即员工在组织中是否受到公平对待。Gupta 和 Kumar（2012）说明了组织公平是指员工在绩效管理、职业发展系统、工作场所关系等组织体系中对公平的知觉。Thibaut 和 Walker

（1975）则指出，实现组织公平需要遵循一致性、无偏性、准确性、代表性、可修订性和道德性等标准。以往研究未能对组织公平进行统一的界定，但其内容主要包括两个方面：其一是客观公平，即组织公平的客观存在环境，主要是组织为了维持组织运转而制定的一系列规章制度（肖锋，2008）；其二是主观公平，即员工对公平的主观感知，是指个人的组织公平感，也就是个人从自身的特质、经历出发，对组织的客观环境进行感知和判断（Greenberg，1987）。

Adams（1965）的研究引发了人们对组织公平的关注，但他只关注了有关分配公平的内容。随着研究的逐渐深入，其他学者相继补充和拓展了组织公平的内涵。Thibaut 和 Walker（1977）认为，除了对分配结果的公平知觉，参与者控制过程的程度，也会影响参与者对公平的感知。随着程序公平的引入，组织公平的维度就被分为分配公平和程序公平。另外，还有学者引入了互动公平、人际公平和信息公平等维度。互动公平强调组织中的人际沟通和人际互动，在互动中感知到的尊重和公正的态度也会影响人们对分配结果公平性的评价（Bier & Maog，1986）。人际公平是指员工感知到的上级对他的尊重程度（Bier & Maog，1986），信息公平则是指上级是否提供了充足和准确的关于结果和过程的信息（Gupta & Kumar，2012）。有关组织公平的维度结果如表 5－2 所示。

表 5－2 **组织公平的维度结构**

	维度结构	代表学者
单维度	分配公平	Adams（1965） Folger & Konovsky（1989）
二维度	分配公平、程序公平	Thibaut & Walker（1975）
三维度	分配公平、程序公平、人际公平	Bier & Moag（1986）
四维度	分配公平、程序公平、人际公平、互动公平	Masterson，Lewis，Goldman & Taylor（2000） 吕晓俊（2005）
	分配公平、程序公平、领导公平、信息公平	刘亚、龙立荣、李晔（2003）

资料来源：本研究整理。

社会交换关系不同于纯粹以经济交换为基础的关系，因为在社会交换中双方的义务往往是不明确的，衡量标准也比较模糊，因此社会交换是通过互惠义务模式而产生的（Blau，1964）。也就是说，一方为另一方提供服务，并在这一过程中产生对未来回报的期望。另一方在获得了有价值的东西后，就会产生回报的义务感。如果收益大于成本，交换行为就会顺利进行，否则交换行为就会停滞。根据社会交换理论，员工与组织之间的社会交往活动，实质上是一种社会交换过程。交往双方都希望利益最大化，一旦有一方感知到不公平，就会采取措施恢复公平知觉；反之，如果员工感知到组织公平，则会竭力维护这一交换关系。组织公平是组织润滑的助力器，它能提高员工与组织之间的关系质量，增强员工维护交换关系的意愿。这些作用反过来也会促使员工产生回报行为，以维护社会交换关系，使公平对待他们的各方从中受益（Suzanne，Lewis，Goldman & Taylon，2000）。具体而言，如果员工与组织建立了公平的社会交换关系，他们根据互惠原则就会产生更高的工作满意度和组织承诺，从而维护这一公平的互惠关系（Neininge，Lehmann-Willenbrock，Kauffeld & Henschel，2010；Ng & Feldman，2011）。反之，如果员工感知到社会交换不公平，自己在社会交换中的成本大于收益，他们就会降低组织承诺，减少合作，甚至停止交换关系（Greenberg，1987）。

另外，对组织公平的理解也可以从关系视角展开，即公平不仅会受到工具性价值影响，而且会受到关系性价值的影响（Lind & Tyler，1988）。组织公平代表着个人被群体或组织接纳，受到组织的重视，个人能从中获得社会归属感（Gillespie & Greenberg，2005）。所以，感受到组织公平的个人往往会采取合作态度，而感受到不公平的个人往往会引起排斥。群体价值理论（Tyler & Lind，1992）也认为，个人倾向于将自己归属于某一群体，所以他们十分关注自己在群体中所处的位置，而公平是群体位置的信号之一。

第二节 研究模型与研究假设

组织信任是组织文化的一种特征，它的作用主要体现在影响组织成功、影响团队有效性、影响组织成员合作和影响组织成员信任度四个方面（Shaw，1997）。纵观国内外有关组织信任的研究，多数学者关注于组织信任的内涵、维度、形成机理以及影响机制。但遗憾的是，现有的实证研究都不够系统，有些结果散落在其他研究之中。相比之下，国内有关组织信任的实证研究较少，特别是组织信任对工作满意度的影响机制，相关研究更是少之又少。因此，本研究构建了一个三重调节效应的概念模型（如图5－1所示），一方面验证组织信任对工作满意度的直接影响，另一方面基于组织公平视角探讨分配公平、程序公平和组织信任三重交互效应对工作满意度的影响。

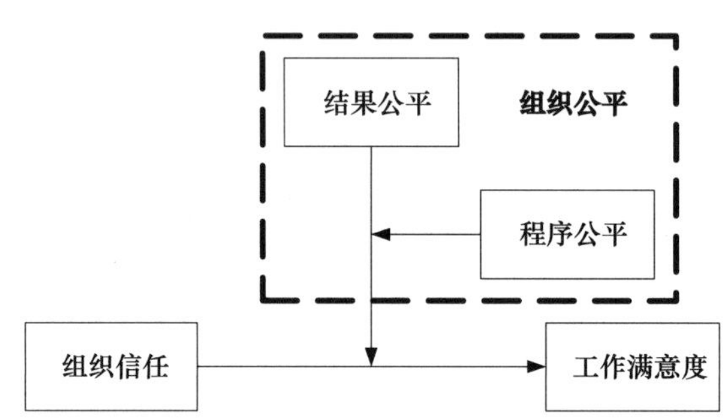

图5－1　组织信任与工作满意度关系的概念模型

信任不仅是一种信念，也是一种知觉（Mishra & Morrissey，1990）。员工对组织的信任往往受到群体行为和组织文化的影响，这需要长时间的良性互动才能产生，因此组织信任源于个体的经验累积。由于情境的不确定性，员工会考虑过去与组织的互动经验，当员工认为组织是可信任的、可依赖的，就会产生一种祸福相依、相互关怀的依附情绪（Rousseau，Sitkin，Burt & Camerer，1998）。根据社会交换理论，人际互动的核心形态之一就是社会交换，而社会交换却是以信任为基础的。尽管现实情境存在风险、模糊和不确定，但信任就意味着个体相信未来结果是潜在收益大于潜在损失的，这本身就包含着对情境的满意内涵。以往有研究穿插着指出信任有助于提升工作满意度。Hackman 和 Oldham（1974）的研究发现，当工作的自主性、完整性、变化性、重要性和回馈性较高时，员工的满足感也较高，而从事这种工作的前提要件就是要对组织怀有充分的信任。Driscoll（1978）探讨了决策制定过程对组织成员满意度的影响，研究发现员工对决策制定结果的信任度越高，那么对组织的满意度也就越高。Morris、Marshall 和 Rainer（2002）的研究进一步发现信任度会正向影响工作满意度，且系统工具的使用并不会干扰信任对工作满意的影响。林碧华（2005）从互动视角探讨了虚拟团队的运作，研究结果显示主管信任对合作满意度具有正向影响，而同事信任对合作程度具有正向影响。基于此，本研究提出下面的假设：

H1：组织信任对工作满意度具有正向影响。

组织公平研究始于20世纪60年代，Adams（1965）首次提出了分配公平的概念，它是指组织成员对组织资源分配的结果是否公平的知觉，强调的重点是决策的结果与内容。然而分配公平无法解释组织情境中以过程为导向的公平问题，随后 Thibaut 和 Walker（1975）通过司法审判案例研究提出了程序公平的概念，它是指组织员工对组织决策程序中所使用的方法、策略是否公平的主观感受。虽然后续研究在此基础上继续做出拓展，但分配公平和程序公平始终是组织公平的最基本也是最重要的两个维度。

组织公平会对员工的工作态度和工作行为产生重要影响。工作满意度反映了个体对工作本身和工作情境的满意程度，这源于组织成员对工作经历评估的一种积极情绪状态。张奇、朱春奎和朱湘（2009）的研究发现，绩效评估的分配公平和程序公平对工作满意度具有显著正向影响。McFarlin 和 Sweeney（1992）的研究发现，分配公平和程序公平对薪酬满意度和工作满意度均具有正向影响，同时分配公平比程序公平具有更强的影响力。Folger 和 Konovsky（1989）认为分配公平和程序公平扮演着不同的预测角色，对于个体变量而言，分配公平比程序公平具有更强的解释效力，而对于组织变量，程序公平比分配公平具有更强的解释效力。此后在很长一段时期里，学术界都试图将分配公平和程序公平区分后进行独立研究。分配公平对组织信任具有相当大的影响力（Brockner，Siegel，Daly，Tylen & Martin，1997）。如果员工的薪酬或升迁与其贡献相匹配且薪酬跟其需求成比例，则员工会对组织产生较高的信任感，从而激发更高的工作满意度。根据群体价值模型，员工会把程序公平视为他们在组织中的社会地位信息，如果感知组织程序是公平的，员工就会认为组织重视和信任他们，这种对组织的信任会使员工产生更强的利他主义工作动机，从而影响到工作满意度（Tyler，1989）。Brockner 和 Wiesenfeld（1996）发现，分配公平和程序公平的交互作用会对工作态度和工作行为产生影响，当分配结果不公平时，程序公平对员工的组织决策反应的影响作用会增强，这意味着程序公平可以弥补分配不公平带来的负面影响，而这种交互效应可能是具有普适性的。因此，只有将分配公平和程序公平结合起来研究才能更好地理解组织公平。从某种程度上来讲，组织公平向员工传递着有关组织的信息，分配公平决定着资源分配，而程序公平反映了员工在组织中的地位，这二者与组织信任之间存在交互作用从而影响员工的工作满意度。当分配公平或程序公平较高时，员工对组织怀有更高的积极心理感知，此时组织信任度高的员工会产生较高的工作满意度；而在分配公平和程序公平都较低的情况下，员工的工作满意度本身就较低，即使员工相信组织不会漠视自己的利益，他们可能展现出最低的工作满意度。基于此，本研究提出下面的假设：

H2：分配公平和程序公平在组织信任对工作满意度影响中具有显著三重调节作用。具体而言，当分配公平和程序公平较低时，组织信任对工作满意度的正向影响最弱。

第三节　量表设计

本研究的量表在设计过程中坚持以成熟量表为基础，通过专家访谈和数据分析进行修订和完善。通过国内外文献综述发现，已有研究设计了本研究所涉及的量表，并在后续研究中多次重复使用，表现出良好的信度和效度，这为本研究进一步展开提供了重要参考。然而，由于研究目的可能存在不同，量表涉及的具体情况也可能存在一定差异，所以当具有多个量表可供选择时，我们需要把握以下三项原则：第一，选择最适合本研究变量的量表；第二，选择接受度最为广泛的量表；第三，选择信度和效度较好的量表。我们在量表选择和设计中，主要参考的都是国外研究者编制的量表，这可能在文化背景和语言习惯上存在偏差，于是可能导致原量表在中国情境下的适用性降低。为了克服这一问题，研究将遵从翻译—回译程序：首先，由三名人力资源管理专业的硕士研究生独立进行英汉互译，形成初始量表；然后，组织这三名硕士研究生和另外两名工商管理专业的博士研究生讨论语言表达清晰度、语义准确性以及语言逻辑性，在此基础上修改完善形成统一意见；最后，我们邀请两位工商管理领域的教授审核和调整量表的语言表达和量表结构，重点分析量表的内容是否准确、语言表达是否通顺、语义是否容易理解、量表结构设计是否合理，于是形成最终量表。本研究所涉及的量表均采用李克特七分度量表进行测量。

组织信任量表的内容如表 5 – 3 所示，采用的是 Nyhan 和 Marlowe（1996）开发的 12 个题项的 OTI 量表，其中 8 个题项测量的是领导信任，4 个题项测量的是系统信任。

表 5 – 3　**组织信任量表**

维度	测量题项	
领导信任	第 1 题	我相信领导在他/她的工作中具有专业能力
	第 2 题	我认为领导会经过深思熟虑做出工作决定
	第 3 题	我相信领导能完成工作任务
	第 4 题	我认为领导对他/她的工作具有很好的理解
	第 5 题	我相信领导能以一种可接受的方式完成他/她的工作
	第 6 题	我觉得领导告诉我的事情都是可以信赖的
	第 7 题	我相信领导能把工作做好而不引起其他问题
	第 8 题	我相信领导在工作中会认真思考
系统信任	第 9 题	我相信组织会公平地对待我
	第 10 题	在组织中领导和员工之间的信任度很高
	第 11 题	我认为公司同事之间的信任度很高
	第 12 题	我们在组织中的依赖程度很高

工作满意度量表的内容如表 5 -4 所示，采用的是 Brayfield 和 Rothe（1951）编制的工作满意指数（Index of Job Satisfaction）量表，该量表包括 5 个测量题项，其中包含 2 个反向测量题项。为了避免语义歧义，并提升量表的信度和效度，本研究在正式调查时删除了反向测量题项“每天的工作似乎永远都不会结束”和“我觉得工作令自己相当的不愉快”。

表 5 -4 **工作满意度量表**

<table>
<tr><th>维度</th><th colspan="2">测量题项</th></tr>
<tr><td rowspan="3">工作满意度</td><td>第 1 题</td><td>我热衷于现在的工作</td></tr>
<tr><td>第 2 题</td><td>我对现在的工作相当的满意</td></tr>
<tr><td>第 3 题</td><td>我对现在的工作相当的享受</td></tr>
</table>

组织公平量表的内容如表 5 -5 所示，采用的是 Colquitt（2001）开发的组织公平量表，该量表包含 4 个维度，我们根据研究需要，仅选取 4 个题项的分配公平子量表和 7 个题项的程序公平子量表。

表 5 -5 **组织公平量表**

<table>
<tr><th>维度</th><th colspan="2">测量题项</th></tr>
<tr><td rowspan="4">分配公平</td><td>第 1 题</td><td>分配结果反映了我在工作中付出的努力</td></tr>
<tr><td>第 2 题</td><td>分配结果与我所完成的工作相匹配</td></tr>
<tr><td>第 3 题</td><td>分配结果反映了我对公司的贡献</td></tr>
<tr><td>第 4 题</td><td>考虑到我的工作表现，分配结果是合理的</td></tr>
<tr><td rowspan="7">程序公平</td><td>第 5 题</td><td>在程序执行的过程中，我能表达自己的观点和感受</td></tr>
<tr><td>第 6 题</td><td>我能影响那些程序所产生的结果</td></tr>
<tr><td>第 7 题</td><td>程序的执行具有一致性</td></tr>
<tr><td>第 8 题</td><td>我对这些程序没有偏见</td></tr>
<tr><td>第 9 题</td><td>程序是基于准确的信息进行的</td></tr>
<tr><td>第 10 题</td><td>我对这些程序所产生的结果向上级提出过反馈</td></tr>
<tr><td>第 11 题</td><td>这些程序符合伦理和道德标准</td></tr>
</table>

对于人口统计变量，研究主要考察性别、年龄、单位产权、单位规模等内容。其中，性别分为1表示“男”、2表示“女”。年龄划分为1表示“25岁以下”、2表示“25—30岁”、3表示“30—35岁”、4表示“35—45岁”、5表示“45岁以上”。单位产权划分为1表示“国有企业”、2表示“集体企业”、3表示“民营企业”、4表示“外资企业”、5表示“股份制企业”。单位规模划分为1表示“10人以下”、2表示“10—50人”、3表示“50—300人”、4表示“300—1000人”、5表示“1000人以上”。

第四节　数据采集

本次问卷调查采取滚雪球式发放，委托在职MBA学员负责在其单位发放并回收。由于所有问卷均由参与人独立完成，为了减少共同方法误差，研究设置了时间间隔（Time Interval），通过在两个时间点采集不同的研究变量。在时间点1，我们安排发放组织信任和组织公平问卷；在时间点2，我们回收时间点1发放的问卷，同时发放工作满意度问卷；在时间点3，我们回收在时间点2发放的问卷。我们把时间间隔设定为4周，每次调查安排在MBA课程结束之后。问卷调查要求每位参与人留下联系方式，以方便对样本进行编码配对。本次数据采集共发放调查问卷476套，收回问卷334套，回收率为70.2%。问卷回收后，我们对问卷进行了筛选，评判依据有二：第一，量表题项回答是否存在缺失；第二，量表题项回答是否存在规律性。据此两项原则，我们剔除无效问卷46套，最后共回收有效问卷288套，有效回收率为60.5%。本次问卷调查的人口统计学描述如表5－6所示。

表5－6　**样本描述性统计分析**

人口统计变量	资料类别	样本数	百分比（%）
性别	男性	217	75.35
	女性	71	24.65

续表

人口统计变量	资料类别	样本数	百分比（%）
年龄	25 岁以下	119	41.32
	25—30 岁	99	34.38
	30—35 岁	26	9.03
	35—45 岁	23	7.99
	45 岁以上	21	7.29
单位产权	国有企业	54	18.75
	集体企业	12	4.17
	民营企业	109	37.85
	外资企业	41	14.24
	股份制企业	72	25.00
单位规模	10 人以下	3	1.04
	10—50 人	69	23.96
	50—300 人	38	13.19
	300—1000 人	67	23.26
	1000 人以上	111	38.54

第五节　量表分析

一　信度分析

研究采用 Cronbach's α 系数来衡量组织信任、工作满意度、组织公平等量表的可靠性。所有量表的信度分析结果如表 5－7、表 5－8 和表 5－9 所示。Cronbach's α 系数都在 0.7 以上，且大部分的总相关系数（Item-Total Correlation）也在 0.5 以上。虽然个别题项的总相关系数低于 0.5，但考虑到采用的量表均来自顶尖期刊的成熟量表，且该部项所属量表的 Cronbach's α 也超过了 0.7，所以这些题项均可以接受。其中，组织信任的整体 Cronbach's α 系数为 0.86，组织公平的 Cronbach's α 系数为 0.89。

表 5－7　**组织信任量表的信度分析**

领导信任		总相关系数	Cronbach's α
题项	第 1 题	0.44	0.81
	第 2 题	0.59	
	第 3 题	0.59	
	第 4 题	0.58	
	第 5 题	0.59	
	第 6 题	0.52	
	第 7 题	0.63	
	第 8 题	0.35	
系统信任		总相关系数	Cronbach's α
题项	第 9 题	0.68	0.83
	第 10 题	0.75	
	第 11 题	0.59	
	第 12 题	0.62	

表 5－8　**工作满意度量表的信度分析**

工作满意度		总相关系数	Cronbach's α
题项	第 17 题	0.46	0.71
	第 18 题	0.56	
	第 19 题	0.59	

表 5－9　**组织公平量表的信度分析**

分配公平		总相关系数	Cronbach's α
题项	第 20 题	0.60	0.79
	第 21 题	0.66	
	第 22 题	0.69	
	第 23 题	0.48	

续表

程序公平		总相关系数	Cronbach's α
题项	第 24 题	0.57	0.89
	第 25 题	0.61	
	第 26 题	0.73	
	第 27 题	0.78	
	第 28 题	0.73	
	第 29 题	0.78	
	第 30 题	0.68	

二 效度分析

本研究所涉及的量表是基于国内外研究的成熟量表，同时寻求学术领域的专家和企业主管的建议来取得良好的内容效度。量表在初步编制完成后，为使填答者能够充分了解问卷量表的内涵，提高可读性，在正式寄发问卷前又进行了试测，再次修改后才大规模发放问卷。因此，本研究的量表具有相当好的内容效度。

研究通过 SPSS 21.0 进行探索性因子分析（Exploratory Factor Analysis，简称 EFA），主要考察 KMO 检验（Kaiser-Meyer-Olkin Test）和巴特利特球形检验（Bartlett Test Sphericity），同时采用斜交极大旋转法抽取因子，以特征根大于等于 1 来确定抽取有效因子。我们判断是否保留题项的标准，一则该题项在某一因子上的载荷超过 0.5，二则该指标不存在交叉载荷。另外，研究采用 Amos 20.0 软件进行验证性因子分析（Confirmatory Factor Analysis，简称 CFA）来检验各变量的结构效度，结构方程模型的拟合指标参考表 4－8 所示。

1. 组织信任的效度分析

组织信任量表的 EFA 分析结果如 5－10 所示。KMO 值为 0.85，巴特利特球形检验的卡方值是 1361.61，显著性概率为 0.00，表明该量表适合进行因子分析。因子分析抽取出两个特征值大于 1 的因子，即领导信任和系统信任，其特征值分别为 4.93 和 1.56。因子累积方差贡献率为 54.04%，超过 50%。其中，仅有 X1 的因子载荷低于 0.5，但是大于0.4，且不存在交叉载荷。

表5-10　**组织信任量表的探索性因子分析**

测量题项	因子载荷	
	领导信任	系统信任
X1	0.46	
X2	0.60	
X3	0.59	
X4	0.56	
X5	0.65	
X6	0.64	
X7	0.74	
X8	0.71	
X9		0.78
X10		0.82
X11		0.72
X12		0.75
特征值	4.93	1.56
方差贡献率	41.05%	12.99%
KMO		0.85
巴特利特球形检验卡方值		1361.61
Sig.		0.00

组织信任量表的CFA分析结果如图5-2和表5-10所示，模型的拟合结果χ^2/df=2.45、TLI=0.93、CFI=0.95、SRMR=0.05、RMSEA=0.07，各项拟合指数都达到理想值，这说明模型的拟合效果符合要求。

表5-11列出了各题项的参数估计，组织信任子量表中潜变量对显变量因子载荷的临界比（C.R.）都大于1.96，标准差都大于0，估计的R^2大多数大于0.3。虽然X5、X7和X12的R^2略小于0.3，但考虑到研究采用的是成熟量表，显变量对因子的解释能力也基本符合要求，暂

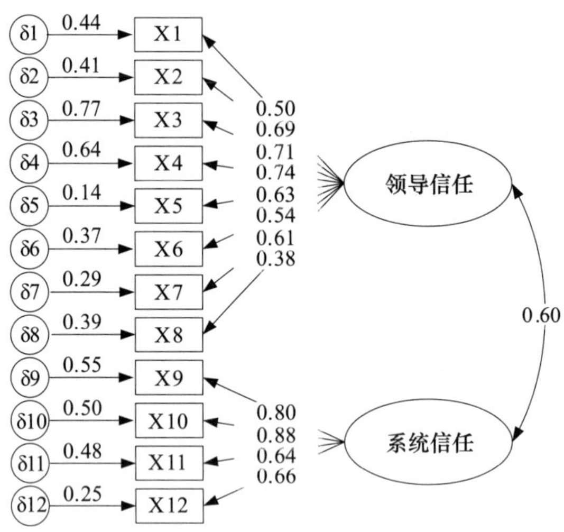

图 5 - 2　组织信任量表的验证性因子模型

不删除任何变量。由此可见，组织信任的测量题项可以表征各维度（潜变量）的内涵，故结构效度基本符合要求。

表 5 - 11　**组织信任量表的验证性因子分析参数估计**

因子	显变量	标准化估计值	估计值	标准差	临界比（C. R.）	R^2
领导信任	X1	0. 50	1. 00	—	—	0. 44
	X2	0. 69	1. 49	0. 19	7. 76	0. 41
	X3	0. 71	1. 48	0. 19	7. 70	0. 77
	X4	0. 74	1. 34	0. 17	7. 77	0. 64
	X5	0. 63	1. 38	0. 19	7. 18	0. 14
	X6	0. 54	0. 89	0. 13	6. 78	0. 37
	X7	0. 61	1. 12	0. 16	7. 10	0. 29
	X8	0. 38	0. 90	0. 18	4. 87	0. 39
系统信任	X9	0. 80	1. 00	—	—	0. 55
	X10	0. 88	0. 99	0. 06	15. 49	0. 50
	X11	0. 64	0. 78	0. 07	10. 93	0. 48
	X12	0. 66	0. 70	0. 06	11. 18	0. 25

2. 组织公平的效度分析

组织公平量表的 EFA 分析结果如 5 - 12 所示。KMO 值为 0.71，根据 Kaiser（1974）建议的评判标准，KMO 值介于 0.7—0.8 之间，表示一般适合做因子分析，因此处于可接受范围之内。巴特利特球形检验的卡方值是 4149.40，显著性概率为 0.00，表明该量表适合进行因子分析。因子分析抽取出两个特征值大于 1 的因子，即分配公平和程序公平，其特征值分别为 1.68 和 5.31。因子累积方差贡献率为 63.60%，超过 50%，所有测量题项的因子载荷均大于 0.5，且不存在交叉载荷。

表 5 - 12　　**组织信任量表的探索性因子分析**

测量题项	因子载荷	
	分配公平	程序公平
M1	0.79	
M2	0.76	
M3	0.81	
M4	0.64	
M5		0.52
M6		0.62
M7		0.89
M8		0.77
M9		0.89
M10		0.77
M11		0.70
特征值	1.68	5.31
方差贡献率%	48.29%	15.31%
KMO		0.71
巴特利特球形检验卡方值		4149.40
Sig.		0.00

组织公平量表的 CFA 分析结果如图 5 - 3 和表 5 - 12 所示，模型的

拟合结果 $\chi^2/df=2.99$、TLI = 0. 97、CFI = 0. 98、SRMR = 0. 08、RMSEA = 0. 08，各项拟合指数都达到理想值，这说明模型的拟合效果符合要求。

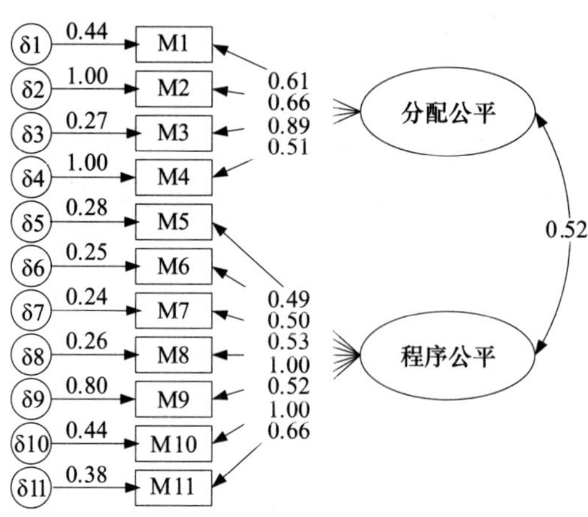

图 5－3　组织公平量表的验证性因子模型

表 5－13 列出了各题项的参数估计，组织公平子量表中潜变量对显变量因子载荷的临界比（C. R.）都大于 1. 96，标准差都大于 0，估计的 R^2 多数都大于 0. 3。虽然 M3、M5、M6、M7 和 M8 的 R^2 略小于 0. 3，但考虑到研究采用的是成熟量表，显变量对因子的解释能力也基本符合要求，暂不删除任何变量。由此可见，组织公平的测量题项可以表征各维度（潜变量）的内涵，故结构效度基本符合要求。

表 5－13　**组织公平量表的验证性因子分析参数估计**

因子	显变量	标准化估计值	估计值	标准差	临界比（C. R.）	R^2
分配公平	M1	0. 61	1. 00	—	—	0. 44
	M2	0. 66	1. 30	0. 12	11. 17	1. 00
	M3	0. 89	1. 66	0. 18	9. 22	0. 27
	M4	0. 51	1. 00	0. 14	7. 30	1. 00

续表

因子	显变量	标准化估计值	估计值	标准差	临界比（C. R.）	R^2
程序公平	M5	0.49	1.00	—	—	0.28
	M6	0.50	0.92	0.10	9.05	0.25
	M7	0.53	1.00	0.14	7.15	0.24
	M8	1.00	1.66	0.17	9.78	0.26
	M9	0.52	0.98	0.14	7.05	0.80
	M10	1.00	1.64	0.17	9.78	0.44
	M11	0.66	1.13	0.14	8.22	0.38

3. 量表的区分效度分析

为了检验所有量表的区分效度，研究对组织信任（包括领导信任、系统信任等）、工作满意度、组织公平（包括分配公平、程序公平等）等变量进行验证性因子分析。分析结果如表5－14所示，其中五因素模型的拟合效果最优（χ^2/df = 2.70，TLI = 0.92，CFI = 0.94，SRMR = 0.08，RMSEA = 0.08），这说明本研究所涉及的变量具有良好的区分效度。我们采用Harman单因子法检验共同方法偏差。分析结果表明，单因素模型的拟合效果最差，且五因素模型的拟合效果明显优于单因素模型，这表明不存在严重的共同方法偏差。

表5－14　**量表的验证性因子分析**

模型	因子结构	χ^2/df	TLI	CFI	SRMR	RMSEA
五因素模型	领导信任；系统信任；工作满意度；分配公平；程序公平	2.70	0.92	0.94	0.08	0.08
四因素模型	领导信任＋系统信任；工作满意度；分配公平；程序公平	3.16	0.89	0.92	0.09	0.09
四因素模型	领导信任；系统信任；工作满意度；分配公平＋程序公平	4.03	0.85	0.88	0.12	0.10
三因素模型	领导信任＋系统信任；工作满意度；分配公平＋程序公平	4.52	0.83	0.86	0.12	0.11

续表

模型	因子结构	χ^2/df	TLI	CFI	SRMR	RMSEA
三因素模型	领导信任 + 系统信任 + 工作满意度；分配公平；程序公平	3.21	0.89	0.91	0.09	0.09
三因素模型	领导信任；系统信任；工作满意度 + 分配公平 + 程序公平	4.90	0.81	0.85	0.14	0.12
两因素模型	领导信任 + 系统信任 + 工作满意度；分配公平 + 程序公平	4.56	0.83	0.86	0.13	0.11
两因素模型	领导信任 + 系统信任；工作满意度 + 分配公平 + 程序公平	5.34	0.79	0.83	0.15	0.12
单因素模型	领导信任 + 系统信任 + 工作满意度 + 分配公平 + 程序公平	10.29	0.55	0.64	0.10	0.18

第六节　假设检验

一　相关分析

工作满意度、分配公平、程序公平均具有良好的信度和效度，本研究用一阶因子测量题项得分的平均值作为该因子的值。另外，本研究关注于组织信任的整体效用，于是对组织信任两个维度上的题项做单一化处理，最后形成组织信任的总体测量值。研究运用 SPSS 21.0 对组织信任、工作满意度、分配公平、结果公平等变量进行 Pearson 相关分析，相关系数矩阵如表 5 - 15 所示。工作满意度与组织信任（$r = 0.57$，$p < 0.01$）、分配公平（$r = 0.33$，$p < 0.01$）、程序公平（$r = 0.44$，$p < 0.01$）显著正相关。

表 5 - 15　　**变量的均值与标准差及相关系数矩阵**

变量	性别	年龄	单位产权	单位规模	组织信任	工作满意度	分配公平	程序公平
均值	1.25	2.06	3.23	3.74	4.84	4.92	4.24	4.40
标准差	0.43	1.22	1.37	1.23	0.83	1.09	1.05	1.06
性别	—							
年龄	0.07	—						

续表

变量	性别	年龄	单位产权	单位规模	组织信任	工作满意度	分配公平	程序公平
单位产权	0.22**	-0.14*	—					
单位规模	-0.02	0.04	0.00	—				
组织信任	0.12*	-0.18**	0.06	-0.10	—			
工作满意度	-0.25**	-0.25**	-0.01	-0.14*	0.57**	—		
分配公平	0.01	-0.11	0.05	-0.09	0.53**	0.33**	—	
程序公平	-0.15**	-0.13*	0.12*	-0.17**	0.42**	0.44**	0.51**	—

注：* 表示 $p<0.05$，** 表示 $p<0.01$。

二　回归分析

本研究在H1中提出，组织信任对工作满意度具有正向影响。第一步如表5-16中模型M1所示，将性别、年龄、单位产权、单位规模四个控制变量放入回归方程；第二步，如模型M2所示，将自变量组织信任代入回归方程，我们发现组织信任对工作满意度具有显著正向影响（$\beta=0.58$，$p<0.01$），并且额外变异解释度ΔR^2为0.31。因此，H1得到了支持。

本研究在H2中提出，分配公平和程序公平对组织信任与工作满意度之间的关系具有三重调节效应。本研究根据"层级回归法"四步检验法进行检验，同时采纳Aiken和West（1991）的建议，当高阶交互作用显著时，不考虑低阶交互作用是否显著。第一步如上述模型M1所示，将人口统计学变量带入回归方程；第二步如模型M3所示，将组织信任、分配公平和程序公平带入回归方程；第三步如模型M4所示，将组织信任、分配公平和程序公平两两之间的二次乘积项带入回归方程；第四步如模型M5所示，将组织信任、分配公平和程序公平的三次乘积项带入回归方程，三次乘积项对工作满意度具有显著负向影响（$\beta=-0.15$，$p<0.05$），并且额外变异解释度ΔR^2为0.01。这说明分配公平和程序公平对组织信任与工作满意度之间关系的三重调节效应显著。

表 5 - 16 **回归分析**

变量		工作满意度				
		M1	M2	M3	M4	M5
控制变量	性　　别	-0.24**	-0.31**	-0.27**	-0.25**	-0.23**
	年　　龄	-0.22**	-0.12*	-0.11*	-0.10*	-0.10*
	企业产权	0.01	0.01	-0.02	-0.018	-0.01
	企业规模	-0.14*	-0.08	-0.06	-0.06	-0.06
自变量	组织信任		0.58**	0.53**	0.56**	0.60**
调节变量	分配公平			-0.07	-0.09	-0.04
	程序公平			0.19**	0.14*	0.20**
交互项	组织信任×分配公平				0.09	0.07
	组织信任×程序公平				0.07	0.08
	分配公平×程序公平				-0.13*	-0.10
	组织信任×分配公平×程序公平					-0.15*
R^2		0.13	0.45	0.47	0.49	0.49
$\triangle R^2$		0.13**	0.31**	0.02**	0.02*	0.01*
$\triangle F$		10.77**	159.92**	6.12**	2.91**	4.99**

注：* 表示 $P<0.05$，** 表示 $P<0.01$。

为了进一步考察分配公平和程序公平在组织信任对工作满意度影响中的三重调节效应，我们采用简单斜率检验表明（如表 5 - 17 所示），在低分配公平—低程序公平情境下，组织信任对工作满意度的正向影响最弱，且与其他三种情境具有显著差异，故 H2 得到验证。为了进一步说明分配公平与程序公平的三重调节作用，我们绘制了一个三重调节效应示意图（如图 5 - 4 所示）。为了避免共线性的问题，我们对自变量和调节变量均做了中心化的处理。因此，在两个图的横坐标中，低和高分别代表了一个负标准差和一个正标准差。

表 5-17　**简单斜率检验**

斜线	B	SE
(1) 高分配公平—高程序公平	0.70**	0.13
(2) 高分配公平—低程序公平	0.78**	0.20
(3) 低分配公平—高程序公平	0.82**	0.20
(4) 低分配公平—低程序公平	0.32**	0.11
(1) 和 (4) 差异	0.38*	0.18
(2) 和 (4) 差异	0.46+	0.29
(3) 和 (4) 差异	0.50**	0.19

注：+表示 P<0.10，* p <0.05，** p<0.01。

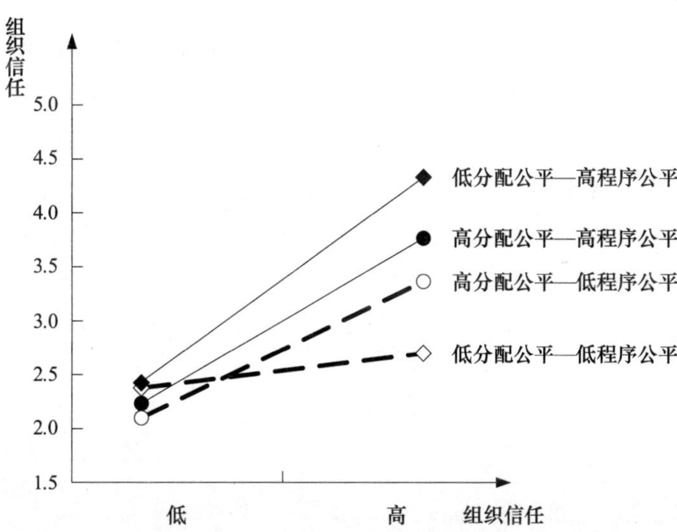

图 5-4　分配公平和程序公平对组织信任与工作满意度关系的三重调节作用

第七节　研究小结

组织信任一直以来都是组织行为学领域的一个热门话题，尽管以往研究表明组织信任对员工的态度和行为都会产生积极影响，但甚少有研究关注组织信任对工作满意度的影响机制。为此，本研究探讨了组织公平在组织信任对工作满意度影响过程中的作用，并以288名员工样本作为研究对象对上述议题进行了实证分析。组织信任源于个体与组织互动的历史经验，组织信任度高的员工相信组织不会伤害或者牺牲员工利益，这本身也就意含对工作情境和工作本身感到满意，而组织公平可能会加剧这种影响关系。以往研究都习惯于分开讨论分配公平和程序公平的作用，而且这两种公平的影响效果也确实存在差异，分配公平对个体变量具有更强的解释力，而程序公平对组织变量具有更强的解释力，但这可能忽视了分配公平和程序公平的替代效应和交互效应。本研究就证实了分配公平和程序公平的交互对组织信任和工作满意度之间关系的影响，这对深化组织公平理论具有积极的意义。

相对于其他类似研究，本研究的一个重要优势在于研究设计的严谨性。研究量表尽量采用成熟量表，而且这些量表都在中国情境中得到过检验，信度和效度有保证。另外，本研究对自变量、因变量、调节变量的数据采集设置了时间间隔，尽可能避免同源误差的影响，使得研究结论更加真实可靠。当然，本研究也不可避免地存在一定局限性，例如样本的背景复杂、数量有限，这些都可能给结论带来不确定性。建议后续研究进行更加广泛的行业和地区调查，进一步检验结论的可靠性。

第六章　研究贡献与未来展望

合作是多个主体为了实现共同目标，通过一系列互动促成的一种有利于各方期望的行动过程（柴国荣、李振超、王潇耿、宗胜亮，2011）。为了实现组织的长久稳定、互惠互利，组织中各方都会与其关联方协同互助（彭建仿、孙在国、杨爽，2012）。组织内部合作需要更多、更好的协调、帮助、沟通与分工（Chen，1998）。以往研究认为，组织中信任与合作是同源的，信任是合作的基础，而合作也可以反向促进信任（张康之，2008）。特别是在组织活动时，只有组织与员工之间秉承信任，才会引起自发有效的合作。然而，信任的深度也决定着合作的强度，信任关系能够扩展到多大，合作网络也就会延伸到多广。本研究采用文献分析法、进化博弈分析法、问卷调查法等多种研究方法探讨了组织中信任与合作之间关系。首先，研究对组织中信任与合作的内涵、维度结构、影响因素、影响效果等进行了系统的文献回顾；其次，研究从“有限理性”出发构建了一个进化博弈模型，对组织中信任与合作的联系，包括产生的条件进行了探讨；再次，运用结构方程模型探讨了跨部门的信任与合作之间的关系，即跨部门信任的能力、善意、开放性等维度对跨部门合作的目标达成度、合作满意度的影响；最后，运用问卷调查数据探讨了组织信任对工作满意度的影响，并考察了组织公平在这二者之间的调节作用。

第一节　研究贡献

第一，研究基于进化博弈分析了组织中信任与合作的条件与影响因素，这是对以往研究视角的一个补充和拓展。“信任别人的人总是持续合作，不管团体中他人的行为如何，这种信任行为反映的是‘道德责任或义务’”（克雷默、泰勒，2003）。其一，通过博弈分析可知信任对合作的影响以及附带的收益是很明显的，所以组织中各博弈方的最佳策略应当是加强信任、促进合作。信任是彼此相信对方不会利用对方的脆弱性去获取利益（Peterson & Behfar，2003），这种信任意味着一方能设身处地地为对方着想，以求达成双方利益的均衡。如果组织中各博弈方彼此信任，这表明他们愿意接受合作关系，并能保持彼此之间的信任联系。以往研究也尝试从宏观或微观视角探讨信任与合作之间的联系，这些研究都相信信任是合作的基础和前提，并能有效地促进组织创新和经济发展（Dirks，2000；Knack & Keefer，1997；Porter & Lilly，1996；Zak & Knack，2001）。其二，信任是减少组织内部摩擦的“润滑剂”，以往研究也表明信任博弈中存在着合作关系，即信任方会将部分利益交给对方，而大多数受信者也会返还一定利益（Camerer，2003；Cesarini，Dawes & Fowler，2008；Johnson & Mislin，2011；Tzieropoulos，2013）。事实上，信任是可以通过反复合作实现自我强化的（Berg，Dickhaut & McCabe，1995）。如果信任方的初始信任可以获得积极回报，那么这种信任就会得到强化并不断良性重复，从而建立更稳固的信任和更高水平的合作。换而言之，通过信任的制度建设和氛围培育，任何组织成员都能进行顺畅的沟通和交流。当所有人都发现信任可以获得更大的合作收益，即便是当初选择不信任的博弈方也会转向选择信任，从而建立起稳定的合作联系。其三，建立正式和非正式的沟通架构培养组织中的信任与合作，这对于促进组织绩效和合作创新有着重要意义。信任属于一种正反馈激励，它具有一定的积累性和连续性。本研究通过进化博弈也发现信任存在一种动态变化，即信任程度越高，合作次数就愈多，从而呈现一种良性循环。对于组织而言，将信任与合作寄托于员工自身的认知和改善很可能是不现实的，最有效的方法就是建立一套促进信任与合作的沟通架构，加强制度建设和出台奖励机制，对有效的合作给予共同奖励。相对而言，那些具有较强灵活性、自主性的组织，更易于生成较高的信任与合作，也更具有生命力和竞争力（蔡翔、程发新，2006；

Fairholm，1994）。

第二，研究构建了跨部门信任和跨部门合作的概念，然后探讨了跨部门信任与合作之间的关系。跨部门信任是部门之间所持有的一种正向期望，施信方相信受信方能在理性决策下做出对本部门有利的特定行动，以保证部门成员的利益不受损害。信任双方是地位平等的部门，二者在职能运作上相辅相成，具有双向性、过程性、风险性、理性决策性等。本研究基于文献分析将跨部门信任分为能力、善意、开放性等三个维度。其中，能力是指被信任部门的专业素质及其市场竞争能力，善意是指一方对另一方的信任知觉，认为受信方是可靠的、善意的、值得信赖的，而开放性是指组织中部门愿与其他部门有效地沟通，从而达成较高的信息共享程度。另外，跨部门合作是组织中职能部门彼此一致努力，达成组织共同目标的程度，而这种努力的过程同时具有结构化与情感化的双重含义。由于职能部门所发挥的功效存在差异，而为了达成组织共同目标又需要彼此依赖，所以部门之间应当加强沟通协调，发挥各自专长。组织共同目标驱使职能部门之间依赖性升高，互动更加频繁也促进了信息和资源的流动。组织内部的跨部门沟通不可避免地存在情感交流，而这可以打破组织内部沟通的结构性障碍，也为后续紧密的合作提供了可能。本研究采用问卷调查数据证实了跨部门信任与跨部门合作之间的联系，具体包括跨部门信任的善意对跨部门合作的目标达成度具有正向影响，而跨部门信任的能力和开放性对跨部门合作的合作满意度具有正向影响。由此可见，跨部门信任的能力、善意、开放性等三个维度之间既有联系又有区别，它们共同构成了跨部门信任的内涵，但在作用路径和影响效力上又可能存在差异性。再则，研究通过模型修正发现跨部门信任的善意对能力和开放性具有正向影响，而目标达成度对合作满意度具有正向影响。由此可见，善意是跨部门信任的核心内涵，这与人际信任、泛化信任类似（Konovsky & Pugh，1994；Mishra，1996；Whitener & Brodt，1998）。它不仅直接影响目标达成度，还可以透过能力和开放性维度间接影响合作满意度。善意就是关心和感受其他部门的需求和利益，不会为了一己之私去牺牲其他部门的利益。另外，木研究还运用方差分析检验了企业统计变量和部门统计变量对跨部门信任的影响，上述结论有力地充实和拓展了跨部门信任的内涵，可以帮助我们更好地理解和认识跨部门信任及其与跨部门合作的关系。

第三，研究基于社会交换理论探讨了组织信任与工作满意度之间的关系，并构建了一个三重调节模型探讨了组织公平的调节角色。组织信任源于员工与组织在互动中产生的信赖感（Gill，Boies，Finegan & McNally，2005），它既体现了组织对员工的关心，又反映了组织对员工贡献的认可。与此同时，组织信任还是员工基于组织文化和沟通方式的一种合作意愿，它是员工对组织文化和价值观的认同。根据社会交换理论，个人与组织的互动可以使员工交换获得自己认为更宝贵的资源（Homans，1961）。这种交换通过非正式联系激发员工产生个人对组织的信任感和义务感（Blau，1964），它是一种以相互的义务和对另一方需求的承诺为基础的交互模式（Cropanzano & Mitchell，2005）。工作满意度是员工对工作环境以及工作本身的一种主观感受（Hoppock，1935）。它是员工内心生成的一种积极心理，包括了情绪起伏和行为态度等，并可视为员工与组织采取合作的一种表现形式。组织中的社会交换通常没有正式的互惠机制和确定的时间框架（Bock & Kim，2002），所以交换的内容主要涉及心理知觉（Blau，1964）。当员工与组织建立了平等的交换关系，同时能对组织持有较高的信任，员工就会根据互惠原则产生更高的工作满意度（Cropanzano，2005；Eisenberger，Huntington，Hutchison & Sowa，1986）。组织公平反映了员工知觉自己是否在组织中受到了公平对待（Byrne & Cropanzano，2001）。实现组织公平需要遵循一定的标准，如一致性、无偏性、准确性、代表性、可修订性和道德性等（Thibaut & Walker，1975）。在社会交换中，双方的义务往往是不明确的。如果一方感知到不公平，就会采取措施恢复公平知觉。组织公平能提高员工与组织之间的合作关系，促使员工自觉维护交换关系。以往研究认为，组织公平的两个维度分配公平和程序公平的影响路径是相对独立的（McFarlin & Sweeney，1992；Folger & Konovsky，1989）。程序公平是员工在组织中的一种社会地位，如果组织程序是公平的，员工就会认为受到了组织的信任，这种组织信任会使员工的工作满意度更高（Tyler，1989）。分配公平决定了组织资源的分配规则，程序公平反映了员工在组织中的社会地位。当分配公平与程序公平均处于低位时，组织信任对工作满意度的影响是最弱的。本研究基于组织公平视角，在组织信任与工作满意度之间构建了一个三重调节效应模型，这既是对以往研究观点的继承，又是对社会交换理论的推广和延伸。

第二节　研究未来展望

信任是组织维系和发展的永恒话题，本研究仅探讨了组织中信任与合作，无论是研究深度和广度都是远远不够的，未来研究可从如下四个方面展开：

第一，基于区块链技术的组织中信任的构建与重塑。信任是一种简化社会复杂性的机制（王道勇，2007）。当前中国社会正处于快速转型期，无论是社会信任、组织信任还是人际信任，都出现了不同程度的缺失。如果将信任构建或重塑与高新技术衔接，利用技术手段弥补和提升组织中的信任，将是未来研究的热点话题。随着新一代信息技术的兴起，创新技术的引入日益成为重塑信任不可缺少的内容。区块链是一种智能科技系统，能有效保证数据的安全可靠和全程追溯。基于对加密算法的信任，社会成员和组织成员可以产生信任和合作的预期。区块链技术可以最大限度地帮助成员以低成本方式获取信息，并实现对交往过程的监督和确认（陈菲菲、王学栋，2019）。由于交易记录不可篡改，那么全部交易活动均可查询与追踪，于是全体成员的信用档案都将记录在案，从而满足了信任决策所需要的完备信息和对象监督的必要条件（张毅、朱艺，2019）。信任的维系和重塑需要双方彼此的善意，对于跨部门信任还需要能力和开放性的加持。但是在信息模糊、互动有限的情况下，信任双方在有限的信息下很难做出可靠的信任决策。区块链技术的优势就在于对以往信任与合作的信息予以有效保留，这为后续合作伙伴的选择提供了良好的信用记录。当前中国的社会信任普遍不高，商业信任仍有较大发展空间，区块链技术对于完善组织中信任机制、补充组织内部信任资源具有强大的助益。

第二，组织中信任的修复机制及其动态变化。组织中信任是一个动态平衡过程，其中的信任衰退、背叛是常见现象（陈阅、时勘、罗东霞，2010）。这种脆弱性使人们在加工信息时，感觉破坏信任比维系信任更令人印象深刻，从而影响人们的行为判断。误会、延期、违约、欺诈等都可能导致信任违背（Steinel & De Dreu，2004），而后续的信任修复将是一个曲折、困难的过程。信任修复是指信任破坏者采取策略修复受害者的信任（Schweitzer，Brodt & Croson，2002）。在此过程中，我们不仅需要克服既定负面事实，还要重建信任双方的积极预期（Kim，Ferrin，Cooper & Dirks，2004），这也是信任研究中“未解而最重要的问题之一”（Schoorman，Mayer & Davis，2007）。以往研究尝试从违背方视角分析信任修复努力与修复效果的关系（Dirks，Cooper & Ferrin，2009；Schweitzer，Hershey & Bradlow，2006；Slovic，1993），以及从信任方视角分析对违背方修复努力的归因与修复结果之间的关系（Ferrin，Kim，Cooper & Dirks，2007；Kim，Dirks，Cooper & Ferrin，2006；Kim，Ferrin，Cooper & Dirks，2004）。当前研究有关信任的动态变化基本达成了共识，但少有研究从动态视角探讨信任修复问题。信任修复究竟是一种暂时的认知转变，还是一种本质上的改变？这种修复效果的时效性如何，能持续多久？由于研究方法上的局限性，组织中信任修复仍有待后续研究深入探讨。另外，组织中的强连结和弱连接对信任修复有何作用（Dirks & De Cremer，2010），它是能直接影响信任修复，还是起到某种催化或阻碍作用？鉴于此，探讨组织中信任的修复机制及其动态变化，不仅能丰富既有信任领域的研究成果，而且还能检验已有结论的推广性，这是未来研究有价值的方向。

第三，组织中信任的“双刃剑”效应。以往研究通常基于社会交换视角去证实组织中信任的积极效应（Brower，Lester，Korsgaard & Dineen，2009；Lau，Lam & Wen，2014；孙利平、龙立荣、李梓一，2018），如提高工作绩效、激发组织公民行为（Brower，Lester，Korsgaard & Dineen，2009）、增加工作满意度（Lester & Brower，2003）等。但值得注意的是，“收获信任”一定是一件开心的事吗？组织中有关“能者多劳”的故事不胜枚举，但这些“能者”是否享受这种被信任的感觉呢？Baer、Dhensa-Kahlon、Colquitt、Rodell、Outlaw 和 Long（2015）

认为，得到信任有可能会是一把“双刃剑”，既让人觉得骄傲，也让人压力倍增。王红丽和张筌钧（2016）的研究发现，下属感知被信任将带来工作负荷与工作压力，从而加大下属情绪耗竭。陈晨、张昕、孙利平、秦昕和邓惠如（2020）透过自我评价视角分析了信任的稀缺性，揭示了下属感知到上级信任带来的负效应，即下属感知被上司信任会引发下属的心理权利感，进而激发其反生产行为。由此可见，组织中信任可能存在一种双刃剑效应，大家不仅要广泛关注信任的“积极面”，而且还应当意识到信任的“阴暗面”（Dark Side）。也就是说，信任在组织中可能存在一个最优水平，未来研究可从不同理论视角或心理路径探讨组织中信任的“双刃剑”效应，即足够的信任一方面可以给组织及其成员带来积极的预期收益，同时也要防范和管控过度的组织中信任可能附带的消极影响。另外，组织中信任的“双刃剑”效应的触发点是什么，其心理中介机制为何，哪些边界条件会控制其作用方向，这些问题仍有待后续研究深入探索。

第四，跨文化情境下信任与合作关系。由于全球经济、文化的融合，人际之间关系也变得愈加复杂。在工作场所中，我们将更频繁地与不同文化、不同种族的同事共同协作，这也为组织中的信任与合作提出了新挑战。以往研究认为，文化是影响个人认知和行为的重要因素，信任的建立与合作的维系有赖于特定的社会文化情境（Janus，2009）。也有研究认为，信任是一种文化植入现象，人的信任水平高低、人际信任能否建立、已建立的信任关系如何维系都会受到所处的社会文化和社会价值观的制约（赵娜、周明洁、陈爽、李永鑫、张建新，2014）。已有研究表明，不同文化情境下人们的信任水平是存在差异的，与中国人、日本人相比，美国人的一般信任水平更高（Lgarashi，Kashima，Kashima，Farsides，Kim，Strack，Werth & Yuki，2008）。与此同时，这种差异还表现在人们在信任建立初期时的表现（Chua，Morris & Mor，2012）。具体而言，在西方文化情境（如北美、西欧）下，个人在人际交往之初就信任他人，直到发现对方有背叛信任的证据（Dirks，Lewicki & Zaheer，2009）；在东方文化情境（如中国、日本、韩国）下，个人是随着环境的变化再来决定是不是采取信任策略。也就是说，组织中如果存在多种不同的文化，大家在建立信任、形成合作上是有不同的思考逻辑和行为决策的，这就会带来一种“非对称性”信任问题。如果信任一方感知到他人真诚善意的这种“合乎逻辑”的违背，那么其对他人的积极预期和信任马上下挫甚至破灭，这种信任瓦解会产生一系列消极作用（如焦虑、忧惧、恐慌、绝望等），或者对互动安排和目标设计作出更多悲观预测（Zaheer & Zaheer，2006）。因此，未来研究有必要对跨文化情境下信任与合作关系采取足够的关注，这对于提高跨国企业的市场竞争力具有一定的裨益。

参考文献

艾树、汤超颖：《情绪对创造力影响的研究综述》，《管理学报》2011年第8卷第8期。

白少君、安立仁：《员工感知到的企业伦理对其态度与行为影响的实证研究》，《伦理学研究》2014年第15卷第5期。

卜楠、杜秀芳：《社会认知复杂性对个体建议采纳的影响：人际信任的中介效应》，《应用心理学》2015年第21卷第4期。

蔡翔、程发新：《组织内部纵向信任影响因素研究的若干命题》，《预测》2006年第25卷第5期。

蔡翔、赵君：《两部门信任行为进化博弈论分析》，《统计与决策（理论版）》2007年第23卷第20期。

曹科岩、龙君伟、杨玉浩：《组织信任、知识分享与组织绩效关系的实证研究》《科研管理》2008年第29卷第5期。

柴国荣、李振超、王潇耿、宗胜亮：《供应链网络下集群企业合作行为的演化分析》，《科研管理》2011年第32卷第5期。

陈晨、张昕、孙利平、秦昕、邓惠如：《信任以稀为贵？下属感知被信任如何以及何时导致反生产行为》，《心理学报》2020年第52卷3期。

陈春花、马明峰：《组织内的信任与控制：一个理论模型》，《南开管理评论》2006年第9卷第2期。

陈菲菲、王学栋：《基于区块链的政府信任构建研究》，《电子政务》2019年第16卷12期。

陈佳琪、陈忠卫：《企业内部人际信任对组织公民行为影响的实证研究——以工作年限为调节变量》，《西安财经学院学报》2014 年第 27 卷 2 期。

陈明淑、申海鹏：《组织内信任、敬业度和工作绩效关系的实证研究》，《财经理论与实践》2015 年第 36 卷第 3 期。

陈晓萍、徐淑英、樊景立：《组织与管理研究的实证方法》，北京大学出版社 2012 年版。

陈阅、时勘、罗东霞：《组织内信任的维持与修复》，《心理科学进展》2010 年第 28 卷 4 期。

陈志霞、汪洪艳：《领导行为的马太效应：领导组织化身的调节作用》，《华东经济管理》2015 年第 29 卷第 8 期。

程德俊、王蓓蓓：《高绩效工作系统、人际信任和组织公民行为的关系——分配公平的调节作用》，《管理学报》2011 年第 8 卷第 5 期。

程德俊、赵勇：《高绩效工作系统对企业绩效的作用机制研究：组织信任的中介作用》，《软科学》2011 年第 25 卷第 4 期。

初浩楠、廖建桥：《认知和情感信任对知识共享影响的实证研究》，《科技管理研究》2008 年第 28 卷第 9 期。

初浩楠、廖建桥：《正式控制对认知信任和情感信任影响的实证研究》，《科学学与科学技术管理》2008 年第 29 卷第 4 期。

崔巍、陈琨、崔晓瑭：《重复交易背景下的信任生成模式研究》，《社会科学辑刊》2014 年第 36 卷 2 期。

段光、黄彦婷、杨忠：《基于交换资源理论的信任与知识共享研究》，《情报理论与实践》2014 年第 37 卷 1 期。

段锦云、田晓明：《组织内信任对员工建言行为的影响研究》，《心理科学》2011 年第 34 卷 6 期。

高培霞、李常洪：《领导者自我牺牲与情绪表达对下属合作的影响》，《中国管理科学》2015 年第 32 卷 6 期。

高祥宇、卫民堂、李伟：《信任促进两人层次知识转移的机制的研究》，《科学学研究》2005 年第 23 卷 3 期。

葛晓永、程德俊、赵曙明：《高绩效工作系统对学习战略的影响：组织信任的调节作用》，《南京社会科学》2015 年第 26 卷第 11 期。

葛晓永、吴青熹、赵曙明：《基于科技型企业的学习导向、团队信任与企业创新绩效关系的研究》，《管理学报》2016 年第 13 卷第 7 期。

耿紫珍、刘新梅、沈力：《合作目标促进科研团队创造力的机理研究》，《科研管理》2012 年第 33 卷 8 期。

韩姣杰、周国华、李延来：《基于互惠和利他偏好的项目团队多主体合作行为》，《系统管理学》2014 年第 23 卷 4 期。

韩平、闫围、弓雅琼：《领导者 OCB 对个性与信任关系中介作用的实证研究》，《预测》2011 年第 30 卷第 6 期。

韩平、闫围、弓雅琼：《企业内上下级沟通与下属上向信任的关系研究》，《管理学报》2012 年第 9 期第 3 期。

何晓丽、王振宏、王克静：《积极情绪对人际信任影响的线索效应》，《心理学报》2011 年第 43 卷第 12 期。

洪茹燕、郭斌、Li Huiping：《组织间信任形成机制研究述评：过去、现在与未来展望》，《重庆大学学报（社会科学版）》2019 年第 25 卷第 6 期。

侯杰泰、温忠麟、成子娟：《结构方程模型及其应用》，教育科学出版社 2004 年版。

侯璐璐、江琦、王焕贞：《真实自豪对人际信任的影响：一个有调节的中介模型》，《心理发展与教育》2016 年第 32 卷第 4 期。

胡远华、董相苗：《员工信任关系对知识转移促进作用的实证研究》，《情报科学》2015 年第 33 卷 9 期。

黄海艳、李乾文：《研发团队的人际信任对创新绩效的影响——以交互记忆系统为中介变量》，《科学学与科学技术管理》2011 年第 32 卷 10 期。

黄嘉欣、汪林、储小平：《人际信任、心理契约违背与组织导向偏差行为——来自家族企业样本的实证证据》，《南方经济》2015 年第 33 卷第 5 期。

黄勇、彭纪生：《组织内信任对员工负责行为的影响——角色宽度自我效能感的中介作用》，《软科学》2015 年第 29 卷第 1 期。

鞠芳辉、谢子远、宝贡敏：《西方与本土：变革型、家长型领导行为对民营企业绩效影响的比较研究》，《管理世界》2008 年第 24 卷第 5 期。

郎淳刚、席酉民：《信任对管理团队决策过程和结果影响实证研究》，《科学学与科学技术管理》2007 年第 28 卷第 8 期。

黎日荣：《重复交易视角下信任生成的一种解释》，《西安财经学院学报》2012 年第 25 卷第 2 期。

李爱梅、谭清方、杨慧琳：《“领导与下属双向信任”的形成及其作用机制研究》，《暨南学报（哲学社会科学版）》2012 年第 34 卷第 2 期。

李爱梅、肖晨洁：《化干戈为玉帛：真诚型领导促进冲突情境下的员工合作行为》，《暨南学报（哲学社会科学版）》2018 年第 40 卷第 8 期。

李彩娜、孙颖、拓瑞、刘佳：《安全依恋对人际信任的影响：依恋焦虑的调节效应》，《心理学报》2016 年第 48 卷第 8 期。

李常洪、高培霞、韩瑞婧、宋志红：《消极情绪影响人际信任的线索效应：基于信任博弈范式的检验》，《管理科学学报》2014 年第 17 卷第 10 期。

李超平：《变革型领导与团队效能：团队内合作的跨层中介作用》，《管理评论》2014 年第 33 卷第 4 期。

李金生、张迪：《核心企业伦理型领导与合作创新绩效——心理距离的调节作用》，《科技进步与对策》2018 年第 35 卷第 18 期。

李宁、严进、金鸣轩：《组织内信任对任务绩效的影响效应》，《心理学报》2006 年第 39 卷第 5 期。

李宁、严进：《组织信任氛围对任务绩效的作用途径》，《心理学报》2007 年第 39 卷第 6 期。

李倩、王艳平、刘效广：《员工对高管的信任与员工离职倾向的关系——组织承诺的中介效应研究》，《软科学》2009 年第 23 卷第 12 期。

李锐、田晓明：《主管威权领导与下属前瞻行为：一个被中介的调节模型构建与检验》，《心理学报》2014 年第 46 卷第 11 期。

李卫东、刘洪：《研发团队成员信任与知识共享意愿的关系研究——知识权力丧失与互惠互利的中介作用》，《管理评论》2014 年第 26 卷第

3 期。

李文聪、何静、董纪昌：《国际合作与海外经历对科研人员论文质量的影响——以生命科学为例》，《管理评论》2018 年第 30 卷第 11 期。

李莹杰、郝生跃、任旭：《认知与情感信任对团队知识共享的影响研究——交互记忆系统的中介作用》，《图书馆学研究》2015 年第 34 卷第 9 期。

李莹杰、任旭、郝生跃《变革型领导对组织知识共享的影响机制研究——基于组织信任和沟通的中介作用》，《图书馆学研究》2015 年第 34 卷第 14 期。

李育辉、刘松博、卫悦容：《领导—成员交换关系对员工信任和知识分享行为的影响》，《管理学家（学术版）》2013 年第 6 卷第 9 期。

李志、金莹、陈永进：《企业员工信任力特征的探索性研究》，《重庆大学学报（社会科学版）》2010 年第 16 卷第 1 期。

廖飞、施丽芳、茅宁、丁德明：《互动公平、委员会决策程序公平与员工决策承诺：基于公平启发理论与不确定管理理论的实证研究》，《南开管理评论》2012 年第 20 卷第 2 期。

凌玲、申鹏：《组织信任对工作满意度和组织承诺关系影响的实证研究》，《科技管理研究》2009 年第 29 卷第 8 期。

刘萃林：《被信任感及其影响因素的研究》，《现代商业》2012 年第 20 卷第 8 期。

刘喜怀、葛玉辉、王倩楠：《TMT 团队信任对团队过程和决策绩效的中介作用——基于层级回归分析的实证研究》，《系统工程》2015 年第 33 卷第 6 期。

刘颖、张正堂、王亚蓓：《团队薪酬分配过程、任务互依性对成员合作影响的实验研究》，《经济科学》2012 年第 36 卷第 5 期。

刘永仁、尹奎：《员工政治技能对建言行为的影响——组织信任、一般自我效能感的作用》，《经济与管理》2013 年第 27 卷第 6 期。

刘智强、周空、倪佳豪、邵云飞：《组织内竞合的研究评述与未来展望》，《管理学报》2019 年第 16 卷第 8 期。

卢俊义、程刚：《创业团队内认知冲突、合作行为与公司绩效关系的实证研究》,《科学学与科学技术管理》2009 年第 30 卷第 5 期。
罗婷:《认知、情感信任对不同知识共享行为的影响研究》,《科技管理研究》2009 年第 29 卷 12 期。
马胡杰、石岿然:《供应链成员的信任关系与合约弹性:一个多重中介效应模型》,《管理工程学报》2016 年第 30 卷第 3 期。
马华维、王欣:《组织中上下级的双向信任:影响及机制》,《心理科学》2014 年第 37 卷第 2 期。
马蓝、安立仁、张宸璐:《合作经验、双元学习能力对合作创新绩效的影响》,《中国科技论坛》2016 年第 31 卷第 3 期。
马丽娜:《员工信任、承诺和满意度对员工自发行为的影响研究》,《科技管理研究》2013 年第 33 卷第 19 期。
马卫华、程巧、薛永业:《重大科研项目负责人领导行为对团队合作质量的影响》,《科技管理研究》2018 年第 38 卷第 16 期。
苗仁涛、孙健敏、刘军:《基于工作态度的组织支持感与组织公平对组织公民行为的影响研究》,《商业经济与管理》2012 年第 32 卷第 9 期。
倪渊、林健:《知识型团队中领导—成员交换关系差异对成员工作态度的影响:成员间信任的中介作用》,《管理工程学报》2013 年第 27 第 4 期。
彭建仿、孙在国、杨爽:《供应链环境下龙头企业共生合作行为选择的影响因素分析——基于 105 个龙头企业安全农产品生产的实证研究》,《复旦学报(社会科学版)》2012 年第 49 卷第 3 期。
秦开银、杜荣、李燕:《临时团队中知识共享对快速信任与绩效关系的调节作用研究》,《管理学报》2010 年第 7 卷第 1 期。
秦颖、武春友、王茜:《企业组织中跨部门冲突理论研究》,《大连理工大学学报(社会科学版)》2003 年第 8 卷第 2 期。
沈潘艳、万黎、方圆、夏凌翔、兰继军:《大学生人际自立特质对人际信任的预测:独立于大五人格的作用》,《心理科学》2016 年第 39 卷第 6 期。
沈勇、何斌:《知识型企业人际信任倾向对员工隐性知识共享影响的实证研究》，《南京师大学报（社会科学版）》2012 年第 39 卷第 6 期。
施建军、王丽、邓宏：《高管团队信任对创新方式选择问题研究》，《南京社会科学》2015 年第 26 卷第 8 期。
宋晶、孙永磊、陈劲：《基于调节定向的网络惯例对合作创新绩效的作用研究》，《科学学与科学技术管理》2017 年第 38 卷 2 期。
宋璐璐、刘永仁：《领导授权赋能行为对员工建言的影响——组织信任、一般自我效能感的作用》，《科学决策》2014 年第 20 卷第 5 期。
宋源：《团队信任、团队互动与团队创新——基于虚拟团队的研究》，《河南社会科学》2014 年第 22 卷第 1 期。
宋源：《虚拟团队信任影响因素实证研究》，《技术经济与管理研究》2010 年第 31 卷第 5 期。
孙健敏、尹奎、李秀凤：《同事信任对员工建言行为影响的作用机制研究》，《软科学》2015 年第 29 卷第 11 期。
孙利平、龙立荣、李梓一：《被信任感对员工绩效的影响及其作用机制研究述评》，《管理学报》2018 年第 15 卷第 1 期。
孙美佳、崔勋：《组织公平与组织信任的文化特质性及其对中国企业凝聚力形成的影响》，《管理学报》2013 年第 10 卷第 10 期。
孙熊兰、滕广青、王思茗、栾宇：《科研合作状态与学术表现的相关性及影响研究》，《情报资料工作》2019 年第 40 卷第 4 期。
孙秀霞、朱方伟、宋昊阳：《感知信任与项目绩效：组织承诺的中介作用》，《管理评论》2016 年第 28 卷第 12 期。
田立法：《高承诺工作系统驱动知识共享：信任关系的中介作用及性别的调节作用》，《管理评论》2015 年第 27 卷第 6 期。
田增瑞、袁恬：《基于资源的技术创新与管理创新的互动研究——西峰模式的案例研究》，《研究与发展管理》2009 年第 21 卷第 6 期。
涂乙冬、陆欣欣、、郭玮、王震：《道德型领导者得到了什么？道德型领导、团队平均领—部属交换及领导者收益》，《心理学报》2014 年第 46 卷第 9 期。
万涛：《信任与组织公民行为：心理授权的调节作用实证研究》，《南开管理评论》2009 年第 12 卷第 3 期。

汪敏达、李建标：《喜新厌旧与团队合作行为：有重启公共物品实验的证据》，《管理工程学报》2019 年第 33 卷第 1 期。

王崇锋、孟星辰、晁艺璇：《合作创新网络视角下团队间合作的动因研究——以中国船舶产业为例》，《中国海洋大学学报（社会科学版）》2018 年第 25 卷第 4 期。

王聪颖、杨东涛：《基于信任氛围感知与个体主义作用视角的诚信型领导对员工工作态度的影响》，《管理学报》2014 年第 11 卷第 4 期。

王道勇：《快速转型时期的信任缺失与社会矛盾》，《人文杂志》2007 年第 37 卷第 5 期。

王国猛、赵曙明、郑全全：《团队信任与团队水平组织公民行为——团队心理授权的中介作用研究》，《大连理工大学学报（社会科学版）》2012 年第 33 卷第 2 期。

王国猛、赵曙明、郑全全：《西方团队心理授权模型评价与展望》，《管理学报》2012 年第 9 卷第 8 期。

王红丽、张筌钧、被信任的代价：《员工感知上级信任、角色负荷、工作压力与情绪耗竭的影响关系研究》，《管理世界》2016 年第 32 卷第 8 期。

王丽平、何亚蓉：《互补性资源、交互能力与合作创新绩效》，《科学学研究》2016 年第 34 卷第 1 期。

王宁、周密、赵西萍：《组织沟通、人际信任对工作投入影响的机理研究》，《统计与信息论坛》2014 年第 29 卷第 5 期。

王沛、陈莉：《惩罚和社会价值取向对公共物品两难中人际信任与合作行为的影响》，《心理学报》2011 年第 56 卷第 1 期。

王雁飞、朱瑜：《组织社会化、信任、知识分享与创新行为：机制与路径研究》，《研究与发展管理》2012 年第 24 卷第 2 期。

王颖、潘茜：《教师组织沉默的产生机制：组织信任与心理授权的中介作用》，《教育研究》2014 年第 35 卷第 4 期。

王渊：《基于知识共享调节的临时团队中团队情绪智力、团队快速信任与团队绩效的作用机制分析》，《预测》2015 年第 34 卷第 6 期。

王战平、何文瑾、谭春辉：《基于质性分析的虚拟学术社区中科研人员合作动机演化研究》,《情报科学》2020 年第 41 卷第 3 期。

王重鸣、邓靖松:《虚拟团队沟通模式对信任和绩效的作用》,《心理科学》2005 年第 28 卷第 5 期。

韦慧民、刘洪:《员工可信行为与管理者对员工信任发展:组织控制的跨层次影响》,《南京大学学报》(哲学·人文科学·社会科学版)2012 年第 49 卷第 3 期。

韦慧民、龙立荣:《管理者可信行为、组织控制对管理者信任的跨层次效应》,《商业经济与管理》2012 年第 32 卷第 9 期。

魏光兴、张舒:《基于同事压力与群体规范的团队合作》,《系统管理学报》2017 年第 26 卷第 2 期。

温忠麟、侯杰泰、张雷:《调节效应与中介效应的比较和应用》,《心理学报》2005 年第 37 卷第 2 期。

吴方、张宝玲、王济干:《高校创新团队信任影响绩效过程模型研究》,《西南民族大学学报(人文社科版)》2015 年第 36 卷第 7 期。

吴隆增、刘军、刘刚:《辱虐管理与员工表现:传统性与信任的作用》,《心理学报》2009 年第 41 卷第 6 期。

吴敏、黄旭、徐玖平、时勘:《交易型领导、变革型领导与家长式领导行为的比较研究》,《科研管理》2007 年第 28 卷第 3 期。

席酉民、杜永怡、刘晖:《组织成员对组织信任的影响因素及其作用关系研究》,《经济管理》2004 年第 26 卷第 18 期。

谢俊、汪林:《授权型领导、主管信任与知识型员工任务行为——基于问卷调查的实证研究》,《南方经济》2014 年第 32 卷第 1 期。

徐芬、李欢、马凤玲:《大学生信任倾向与人格特质的关系》,《应用心理学》2011 年第 17 卷第 3 期。

徐海波、高祥宇:《人际信任对知识转移的影响机制:一个整合的框架》,《南开管理评论》2006 年第 9 卷第 5 期。

许庆瑞、郑刚、陈劲:《全面创新管理:创新管理新范式初探——理论溯源与框架》,《管理学报》2006 年第 5 卷第 2 期。

薛晓州、赵畅:《道德型领导对员工主观幸福感的影响:同事支持和同事信任以及亲社会动机的作用》,《中国人力资源开发》2016 年第 28

卷第 11 期。

严杰、刘人境、徐搏：《基于合作与竞争关系的组织学习研究》，《软科学》2015 年第 29 卷第 6 期。

严进、郑玫、苗玲玲：《组织中管理者信任的前因机制——基于契约与 LMX 的实证分析》，《应用心理学》2007 年第 13 卷第 4 期。

颜士梅、陈丽哲、张钢：《团队中人际信任动态性的实证研究》，《软科学》2013 年第 27 卷第 12 期。

杨琛、李建标：《差序式关系中领导者负面情绪与下属合作行为的实验研究》，《工业工程与管理》2017 年第 22 卷第 3 期。

杨建君、杨慧军、马婷：《集体主义文化和个人主义文化对技术创新方式的影响——信任的调节》，《管理科学》2013 年第 26 卷第 6 期。

杨霞、李雯：《伦理型领导与员工知识共享行为：组织信任的中介作用和心理安全的调节效应》，《科技进步与对策》2017 年第 34 卷第 17 期。

叶仁荪、倪昌红、廖列法：《领导信任、群体心理安全感与群体离职——基于群体互动视角的分析》，《经济管理》2016 年第 38 卷第 5 期。

于桂兰、姚军梅、张蓝戈：《家长式领导、员工信任及工作绩效的关系研究》，《东北师大学报（哲学社会科学版）》2017 年第 53 卷第 2 期。

于海波、方俐洛、凌文辁、郑晓明：《组织信任对员工态度和离职意向、组织财务绩效的影响》，《心理学报》2007 年第 39 卷第 2 期。

余璇、陈维政：《整体公平感与员工工作场所行为：组织信任和组织自尊的不同作用》，《华东经济管理》2016 年第 30 卷第 3 期。

余璇、陈维政：《组织伦理气候对员工工作场所行为的影响研究——以工作疏离感为中介变量》，《大连理工大学学报（社会科学版）》2015 年第 36 卷第 4 期。

喻登科、严红玲：《科研团队内部合作：知性互补还是强强联合》，《科技进步与对策》2018 年第 35 卷第 23 期。

袁红谱：《论伦理型领导对新员工组织信任构建的作用机理》，《现代商贸工业》2010 年第 22 卷第 5 期。

曾贱吉、胡培、蒋玉石:《企业员工组织信任对工作态度影响的实证研究》,《技术经济与管理研究》2010 年第 31 卷第 3 期。

张可军、廖建桥、张鹏程:《变革型领导对知识整合影响:信任为中介变量》,《科研管理》2011 年第 32 卷第 3 期。

张玲玲、赵明辉、曾钢、张利斌:《文献计量视角下依托大科学装置的学科主题与合作网络研究——以上海光源为例》,《管理评论》2019 年第 31 卷第 11 期。

张奇、朱春奎、朱湘:《绩效评估公平感对工作满意度的影响效应研究》,《科研管理》2009 年第 30 卷第 3 期。

张生太、梁娟:《组织政治技能、组织信任对隐性知识共享的影响研究》,《科研管理》2012 年第 33 卷第 6 期。

张四龙、李明生、颜爱民:《组织道德气氛、主管信任和组织公民行为的关系》,《管理学报》2014 年第 11 卷第 1 期。

张秀娥、周荣鑫、王于佳:《创业团队成员信任对社会网络与企业创新能力关系的影响》,《经济与管理研究》2012 年第 33 卷第 3 期。

张燕、怀明云:《威权式领导行为对下属组织公民行为的影响研究——下属权力距离的调节作用》,《管理评论》2012 年第 24 卷第 11 期。

张毅、朱艺:《基于区块链技术的系统信任:一种信任决策分析框架》,《电子政务》2019 年第 16 卷第 8 期。

张永军、赵国祥:《伦理型领导对员工反生产行为的影响机制:多层次视角》,《心理科学进展》2015 年第 23 卷第 6 期。

赵红丹、彭正龙、梁东:《组织信任、雇佣关系与员工知识分享行为》,《管理科学》2010 年第 23 卷第 6 期。

赵君:《人格特质对知识共享的影响:以组织信任为中介变量》,《情报理论与实践》2013 年第 36 卷第 5 期。

赵娜、周明洁、陈爽、李永鑫、张建新:《信任的跨文化差异研究:视角与方法》,《心理科学》2014 年第 37 卷第 4 期。

郑君君、蔡明、李诚志、邵聪:《决策框架、心理距离对个体间合作行为影响的实验研究》,《管理评论》2017 年第 29 卷第 5 期。

郑晓涛、石金涛、郑兴山:《员工组织内信任对其工作态度的影响》,

《管理评论》2008 年第 20 卷第 11 期。

周键、王庆金、周雪:《国外开放式服务创新研究的学术群类——基于作者共被引分析》,《中国科技论坛》2018 年第 34 卷第 1 期。

周路路、张戌凡、赵曙明:《领导—成员交换、中介作用与员工沉默行为——组织信任风险回避的调节效应》,《经济管理》2011 年第 33 卷第 11 期。

周密、赵西萍、姚芳:《基于知识共享意愿的员工信任关系的建立》,《科学学与科学技术管理》2006 年第 27 卷第 1 期。

周玉泉、李垣:《合作学习、组织柔性与创新方式选择的关系研究》,《科研管理》2006 年第 27 卷第 2 期。

朱莺:《领导行为、员工合作与集体创新:基于浙江省小企业的实证分析》,《华东理工大学学报(社会科学版)》2012 年第 25 卷第 5 期。

朱永跃、马志强、孙颖:《组织信任影响因素的实证研究》,《软科学》2014 年第 28 卷第 4 期。

Ahearne, M., Mathieu, J., and Rapp, A., "To Empower or not to Empower Your Sales Force? An Empirical Examination of the Influence of Leadership Empowerment Behavior on Customer Satisfaction and Performance", *Journal of Applied Psychology*, Vol. 90, No. 5, 2005.

Ahuja, G., "The Duality of Collaboration: Inducements and Opportunities in the Formation of Interfirm Linkages", *Strategic Management Journal*, Vol. 21, No. 3, 2000.

Aryee, S., and Chen, B. Z. X., "Trust as a Mediator of the Relationship Between Organizational Justice and Work Outcomes: Test of a Social Exchange Model", *Journal of Organizational Behavior*, Vol. 23, No. 3, 2002.

Ashforth, B. E., and Mael, F. A., "Social Identity Theory and the Organization", *Academy of Management Review*, Vol. 14, No. 1, 1989.

Atkinson, S., "Senior Management Relationships and Trust: An Exploratory Study", *Journal of Managerial Psychology*, Vol. 19, No. 6, 2004.

Avolio, B. J., Gardner, W. L., Walumbwa, F. O., and May, D. R.,

"Unlocking the Mask: A Look at the Process by Which Authentic Leaders Impact Follower Attitudes and Behaviors", *Leadership Quarterly*, Vol. 15, No. 6, 2004.

Baer, M. D., Dhensa-Kahlon, R. K., Colquitt, J. A., Rodell, J. B., Outlaw, R., and Long, D. M., "Uneasy Lies the Head That Bears the Trust: The Effects of Feeling Trusted on Emotional Exhaustion", *Academy of Management Journal*, Vol. 58, No. 6, 2015.

Bercovitz, J., Jap, S. D., and Nickerson, J. A., "The Antecedents and Performance Implications of Cooperative Exchange Norms", *Organization Science*, Vol. 17, No. 1, 2006.

Berg, J., Dickhaut, J., and McCabe, K., "Trust, Reciprocity, and Social History", *Games and Economic Behavior*, Vol. 10, No. 1, 1995.

Bobbio, A., Bellan, M., and Manganelli, A. M., "Empowering Leadership, Perceived Organizational Support, Trust, and Job Burnout for Nurses: A Study in an Italian General Hospital", *Health Care Management Review*, Vol. 37, No. 1, 2012.

Bock, G. W., and Kim, Y. G., "Breaking the Myths of Rewards: An Exploratory Study of Attitudes About Knowledge Sharing", *Information Resource Management Journal*, Vol. 15, No. 2, 2002.

Bornstein, G., and Ben-Yossef, M., "Cooperation in Intergroup and Single-Group Social Dilemmas", *Journal of Experimental Social Psychology*, Vol. 30, No. 1, 1994.

Bradach, J. L., and Eccles, R. G., "Price, Authority, and Trust: From Ideal Types to Plural Forms", *Annual Review of Sociology*, Vol. 15, No. 1, 1989.

Braver, S. L., and Wilson, L. A., "Choices in Social Dilemmas: Effects of Communication within Subgroups", *Journal of Conflict Resolution*, Vol. 30, No. 1, 1986.

Brett, J. M., and Okumura, T., "Inter and Intracultural Negotiation: U. S. and Japanese Negotiators", *Academy of Management Journal*, Vol.

41, No. 5, 1998.

Brewer, M. B., and Kramer, R. M., "Choice Behavior in Social Dilemmas: Effects of Social Identity, Group Size, and Decision Framing", *Journal of Personality and Social Psychology*, Vol. 50, No. 3, 1986.

Brockner, J., and Wiesenfeld, B. M., "An Integrative Framework for Explaining Reactions to Decisions: Interactive Effects of Outcomes and Procedures", *Psychological Bulletin*, Vol. 120, No. 12, 1996.

Bromiley, P., and Cummings, L. L., *Transaction Cost in Organizations with Trust*. Greenwich, CT: JAI Press, 1992.

Brower, H. H., Lester, S. W., Korsgaard, M. A., and Dineen, B. R., "A Closer Look at Trust Between Managers and Subordinates: Understanding the Effects of Both Trusting and Being Trusted on Subordinate Outcomes", *Journal of Management Official Journal of the Southern Management Association*, Vol. 35, No. 2, 2009.

Brower, H. H., Schoorman, F. D., and Tan, H. H., "A Model of Relational Leadership: The Integration of Trust and Leader-Member Exchange", *Leadership Quarterly*, Vol. 11, No. 2, 2000.

Brown, M. E., and Treviño, L. K., "Ethical Leadership: A Review and Future Directions", *The Leadership Quarterly*, Vol. 17, No. 6, 2006.

Brown, M., Treviño, L. K., and Harrison, D. A., "Ethical Leadership: A Social Learning Perspective for Construct Development and Testing", *Organizational Behavior and Human Decision Processes*, Vol. 97, No. 2, 2005.

Brown, S. P., and Leigh, T. W., "A New Look at Psychological Climate and its Relationship to Job Involvement, Effort, and Performance", *Journal of Applied Psychology*, Vol. 81, No. 4, 1996.

Butler, J. K., "Toward Understanding and Measuring Conditions of Trust: Evolution of a Conditions of Trust Inventory", *Journal of Management*, Vol. 17, No. 3, 1991.

Byrne, Z. S., and Cropanzano, R., "The History of Organizational Justice: The Founders Speak", *Justice in the Workplace: From Theory to Practice*, Vol. 2, No. 1, 2001.

Camerer, C. F., "Strategizing in the Brain", *Science*, Vol. 300, No. 5626, 2003.

Carnevale, P. J., and Probst, T. M., "Social Values and Social Conflict in Creative Problem Solving and Categorization", *Journal of Personality and Social Psychology*, Vol. 74, No. 5, 1998.

Carson, S. J, Madhok, A., and John, V. G., "Information Processing Moderators of the Effectiveness of Trust-Based Governance in Interfirm RandD Collaboration", *Organization Science*, Vol. 14, No. 1, 2003.

Cesarini, D., Dawes, C. T., and Fowler, J. H., "Heritability of Cooperative Behavior in the Trust Game", *Proceedings of the National Academy of Sciences*, Vol. 105, No. 10, 2008.

Chatman, J. A., and Barsade, S. G., "Personality, Organizational Culture, and Cooperation: Evidence from a Business Simulation", *Administrative Science Quarterly*, Vol. 40, No. 3, 1995.

Chen, C. C., Chen, X. P., and Meindl, J. R., "How Can Cooperation be Fostered? The Cultural Effects of Individualism-Collectivism", *Academy of Management Review*, Vol. 23, No. 2, 1998.

Chen, C., Wang, S., Chang, W., and Hu, C., "The Effect of Leader-Member Exchange, Trust, Supervisor Support on Organizational Citizenship Behavior in Nurses", *The Journal of Nursing Research*, Vol. 16, No. 4, 2008.

Chen, G. M., "Differences in Self-Disclosure Patterns among Americans Versus Chinese: A Comparative Study", *Journal of Cross-Cultural Psychology*, Vol. 26, No. 1, 1995.

Chen, G., Sharma, P. N., Edinger, S. K., Shapino, D. L., and Farh, J. L., "Motivating and Demotivating Forces in Teams: Cross-level Influences of Empowering Leadership and Relationship Conflict", *Journal of Applied Psychology*, Vol. 96, No. 3, 2011.

Chen, X. P., Eberly, M. B., Chiang, T. J., and Cheng, B. S., "Affective Trust in Chinese Leaders", *Journal of Management*, Vol. 40, No. 3, 2014.

Chua, R. Y., Morris, M. W., and Mor, S., "Collaborating Across Cultures: Cultural Metacognition and Affect-Based Trust in Creative Collaboration", *Organizational Behavior and Human Decision Processes*, Vol. 118, No. 2, 2012.

Chughtai, A., Byrne, M., and Flood, B., "Linking Ethical Leadership to Employee Well-Being: The Role of Trust in Supervisor", *Journal of Business Ethics*, Vol. 128, No. 3, 2015.

Clark, M., and Payne, R., "The Nature and Structure of Workers' Trust in Management", *Journal of Organizational Behavior*, Vol. 18, No. 3, 1997.

Cohen, A., "The Relationship between Multiple Commitments and Organizational Citizenship Behavior in Arab and Jewish Culture", *Journal of Vocational Behavior*, Vol. 69, No. 1, 2006.

Colquitt, J. A., "On the Dimensionality of Organizational Justice: A Construct Validation of a Measure", *Journal of Applied Psychology*, Vol. 86, No. 3, 2001.

Colquitt, J. A., Scott, B. A., and Lepine, J. A., "Trust, Trustworthiness, and Trust Propensity: A Meta-Analytic Test of Their Unique Relationships with Risk Taking and Job Performance", *Journal of Applied Psychology*, Vol. 92, No. 4, 2007.

Cook, J., and Wall, T., "New Work Attitude Measures of Trust, Organizational Commitment and Personal Need Non-fulfillment", *Journal of Occupational Psychology*, Vol. 53, No. 1, 1980.

Costigan, R. D., Iiter, S. S., and Berman, J. J., "A Multi-Dimensional Study of Trust in Organizations", *Journal of Managerial Issues*, Vol. 10, No. 3, 1998.

Covin, J. G., and Miles, M. P., "Corporate Entrepreneurship and the Pursuit of Competitive Advantage", *Entrepreneurship Theory and Practice*, Vol. 23, No. 3, 1999.

Cropanzano, R., and Mitchell, M. S., "Social Exchange Theory: An Interdisciplinary Review", *Journal of Management*, Vol. 31, No. 6, 2005.

Culbert, S. A., and McDonough, J. J., "The Politics of Trust and Organization Empowerment", *Public Administration Quarterly*, Vol. 10, No. 2, 1986.

Cullen, F. T., "Social Support as an Organizing Concept for Criminology: Presidential Address to the Academy of Criminal Justice Sciences", *Justice Quarterly*, Vol. 11, No. 4, 1994.

Das, T. K., and Teng, B. S., "Between Trust and Control: Developing Confidence in Partner Cooperation in Alliances", *Academy of Management Review*, Vol. 23, No. 3, 1998.

DeConinck, J. B., "The Effects of Ethical Climate on Organizational Identification, Supervisory Trust, and Turnover among Salespeople", *Journal of Business Research*, Vol. 64, No. 6, 2011.

De Cremer, D., and Van Knippenberg, D., "How do Leaders Promote Cooperation? The Effects of Charisma and Procedural Fairness", *Journal of Applied Psychology*, Vol. 87, No. 5, 2002.

De Cremer D., van Dijk, E., and Pillutla, M. M., "Explaining Unfair Offers in Ultimatum Games and their Effects on Trust: An Experimental Approach", *Business Ethics Quarterly*, Vol. 20, No. 1, 2010.

De Hoogh, H. B., and Den Hartog, D. N., "Ethical and Despotic Leadership, Relationships with Leader's Social Responsibility, Top Management Team Effectiveness and Subordinates' Optimism: A Multi-Method Study", *The Leadership Quarterly*, Vol. 19, No. 3, 2008.

De Jong, B. A., and Elfring, T., "How Does Trust Affect the Performance of Ongoing Teams? The Mediating Role of Reflexivity, Monitoring, and Effort", *Academy of Management Journal*, Vol. 53, No. 3, 2010.

Den Hartog, D. N., and De Hoogh, A. B., "Empowering Behaviour and

Leader Fairness and Integrity: Studying Perceptions of Ethical Leader Behaviour from a Levels-of-Analysis Perspective", *European Journal of Work and Organizational Psychology*, Vol. 18, No. 2, 2009.

Dewitte, S., and De Cremer, D., "Self-Control and Cooperation: Different Concepts, Similar Decisions? A Question of the Right Perspective", *Journal of Psychology*, Vol. 135, No. 2, 2001.

Dickson, M. W., Smith, D. B, Grojean, M. W., and Ehrhart, M., "An Organizational Climate Regarding Ethics: The Outcome of Leader Values and the Practices that Reflect them", *Leadership Quarterly*, Vol. 12, No. 2, 2001.

Dirks, K. T., and Ferrin, D. L., "Trust in Leadership: Meta-Analytic Findings and Implications for Organizational Research", *Journal of Applied Psychology*, Vol. 87, No. 4, 2002.

Dirks, K. T., Lewicki, R. J., and Zaheer, A., "Reparing Relationships Within and Between Organizations: Building a Conceptual Foundation", *Advanced Materials Research*, Vol. 34, No. 1, 2009.

Dirks, K. T., "Trust in Leadership and Team Performance: Evidence from NCAA Basketball", *Journal of Applied Psychology*, Vol. 85, No. 6, 2000.

Doney M. P., and Connon J. P., "An Examination of the Nature of Trust in Buyer-seller Relationships", *Journal of Marketing*, Vol. 61, No. 1, 1997.

Doney, P. M., Cannon, J. P., and Mullen, M. R., "Understanding the Influence of National Culture on the Development of Trust", *Academy of Management Review*, Vol. 23, No. 3, 1998.

Driscoll, J. W., "Trust and Participation in Organizational Decision Making as Predictors of Satisfaction", *Academy of Management Journal*, Vol. 21, No. 1, 1978.

Drolet, A. L., and Morris, M. W., "Rapport in Conflict Resolution: Accounting for How Face-to-Face Contact Fosters Mutual Cooperation in Mixed-

Motive Conflicts", *Journal of Experimental Social Psychology*, Vol. 36, No. 1, 2000.

Dwyer F. R., Schurr, P. H. and Oh, S., "Developing Buyer-seller Relationships", *Journal of Marketing*, Vol. 51, No. 2, 1987.

Earley, P. C., "East Meets West Meets Mideast: Further Explorations of Collectivistic and Individualistic Work Groups", *Academy of Management Journal*, Vol. 36, No. 2, 1993.

Earley, P. C., "Social Loafing and Collectivism: A Comparison of the United States and the People's Republic of China", *Administrative Science Quarterly*, Vol. 34, No. 4, 1989.

Edmondson, A., "Psychological Safety and Learning Behavior in Work Teams", *Administrative Science Quarterly*, Vol. 44, No. 2, 1999.

Eisenberger, R., Huntington, R., Hutchison, S., and Sowa, D., "Perceived Organizational Support", *Journal of Applied Psychology*, Vol. 71, No. 3, 1986.

Elfenbein, D. W., and Zenger, T. R., "What is a Relationship Worth? Repeated Exchange and the Development and Deployment of Relational Capital", *Organization Ence*, Vol. 25, No. 1, 2013.

Erez, M., and Somech, A., "Is Group Productivity Loss the Rule or The Exception? Effects of Culture and Group-Based Motivation", *Academy of management Journal*, Vol. 39, No. 6, 1996.

Ergeneli, A., Ari, G. S., and Metin, S., "Psychological Empowerment and its Relationship to Trust in Immediate Managers", *Journal of Business Research*, Vol. 60, No. 1, 2007.

Fairholm, G. W., *Leadership and the Culture of Trust*, Santa Barbara, CA: Greenwood Publishing Group, 1994.

Ferrin, D. L., Kim, P. H., Cooper, C. D., and Dirks, K. T., "Silence Speaks Vols.: The Effectiveness of Reticence in Comparison to Apology and Denial for Responding to Integrity-and Competence-Based Trust Violations", *Journal of Applied Psychology*, Vol. 92, No. 4, 2007.

Fink, M. , and Kessler, A. , "Cooperation, Trust and Performance—Empirical Results from Three Countries", *British Journal of Management*, Vol. 21, No. 2, 2010.

Folger, R. , and Konovsky, M. A. , "Effects of Procedural and Distributive Justice on Reactions to Pay Raise Decisions", *Academy of Management Journal*, Vol. 32, No. 1, 1989.

Frazier, M. L. , Tupper, C. , and Fainshmidt, S. , "The Path (s) to Employee Trust in Direct Supervisor in Nascent and Established Relationships: A Fuzzy Set Analysis", *Journal of Organizational Behavior*, Vol. 37, No. 7, 2016.

Fuglsang, L. , and Jagd, S. , "Making Sense of Institutional Trust in Organizations: Bridging Institutional Context and Trust", *Organization*, Vol. 22, No. 1, 2015.

Gabrenya, W. K. , Wang, Y. E. , and Latané, B. , "Social Loafing on an Optimizing Task: Cross-Cultural Differences among Chinese and Americans", *Journal of Cross-Cultural Psychology*, Vol. 16, No. 2, 1985.

Ganesan, S. , "Determinants of Long-Term Orientation in Buyer-Seller Relationships", *Journal of Marketing*, Vol. 58, No. 4, 1994.

Geringer, J. M and Hebert, L. , "Measuring Performance of International Joint Venture", *Journal of International Business Studies*, Vol. 22, No. 2, 1991.

Gilbert, J. A. , and Tang, T. L. , "An Examination of Organizational Trust Antecedents", *Public Personnel Management*, Vol. 27, No. 3, 1998.

Gillespie, J. Z. , and Greenberg, J. , "Are the Goals of Organizational Justice Self-Interested?", *Handbook of Organizational Justice*, Vol. 26, No. 1, 2005.

Gillespie, N. , and Dietz, G. , "Trust Repair after an Organization-Level Failure", *Academy of Management Review*, Vol. 34, No. 1, 2009.

Gill, H. , Boies, K. , Finegan, J. , and McNally, J. , "Antecedents of Trust: Establishing a Boundary Condition for the Relation Between Propensity to Trust and Intention to Trust", *Journal of Business and Psychology*, Vol. 19, No. 3, 2005.

Gómez, C., and Rosen, B., "The Leader-Member Exchange as a Link Between Managerial Trust and Employee Empowerment", *Group and Organization Management an International Journal*, Vol. 26, No. 1, 2001.

Gómez, C., Kirkman, B. L., and Shapiro, D. L., "The Impact of Collectivism and In-Group/Out-Group Membership on the Evaluation Generosity of Team Members", *Academy of Management Journal*, Vol. 43, No. 6, 2000.

Gneezy, U., and Rustichini, A., "Pay Enough or Don't Pay at all", *Quarterly Journal of Economics*, Vol. 115, No. 3, 2000.

Gupta, V., and Kumar, S., "Impact of Performance Appraisal Justice on Employee Engagement: A Study of Indian Professionals", *Employee Relations*, Vol. 35, No. 1, 2012.

Harrigan, K. R., "Strategic Alliance and Partner Asymmetries", *Management International Reviews*, Vol. 28, No. 4, 1988.

Harrison, D. A., Newman, D. A., and Roth, P. L., "How Important are Job Attitudes? Meta-Analytic Comparisons of Integrative Behavioral Outcomes and Time Sequences", *Academy of Management Journal*, Vol. 49, No. 1, 2006.

Hart, K. M., Capps, H. R., Cangemi, J. P., and Caillouet, L. M., "Exploring Organizational Trust and its Multiple Dimensions: A Case Study of General Motors", *Organization Development Journal*, Vol. 2, No. 4, 1986.

Hewett, K., and Bearden, W. O., "Dependence, Trust, and Relational Behavior on the Part of Foreign Subsidiary Marketing Operations: Implications for Managing Global Marketing Operations", *Journal of Marketing*, Vol. 65, No. 4, 2001.

Hofstede, G. H., *Culture's Consequences: Comparing Values, Behaviors, Institutions, and Organizations Across Nations*, Thousand Oaks, CA: Sage

Publications, 2001.

Hosmer, L. T., "Trust: The Connecting Link between Organization Theory and Philosophical Ethics", *Academy of Management Review*, Vol. 20, No. 2, 1995.

Howell, J. M., and Avolio, B. J., "Transformational Leadership, Transactional Leadership, Locus of Control, and Support for Innovation: Key Predictors of Consolidated-Business-Unit Performance", *Journal of Applied Psychology*, Vol. 78, No. 6, 1993.

Igarashi, T., Kashima, Y., Kashima, E. S., Farsides, T., Kim, U., Strack, F., Werth, L., and Yuki, M., "Culture, Trust and Social Networks", *Asian Journal of Social Psychology*, Vol. 11, No. 1, 2008.

Iii, W. J., "Studies of Individualism-Collectivism: Effects on Cooperation in Groups", *Academy of Management Journal*, Vol. 38, No. 1, 1995.

Ingham, A., Levinger, G., Graves, J., and Peckham, V., "Ringelmann Effect-Studies of Group Size and Group Performance", *Journal of Experimental Social Psychology*, Vol. 10, No. 4, 1974.

Janus, T., "Trust and Culture", *International Game Theory Review*, Vol. 11, No. 2, 2009.

Johnson, D. W., Johnson, R. T., Tjosvold, D., Deutsch, M., and Coleman, P. T., eds, *The Handbook of Conflict Resolution: Theory and Practice*, San Francisco, CA: Jossey-Bass, 2000.

Johnson, D. W., Maruyama, G., Johnson, R., Nelson, D., and Skon, L., "Effects of Cooperative, Competitive, and Individualistic Goal Structures on Achievement: A Meta-Analysis", *Psychological Bulletin*, Vol. 89, No. 1, 1981.

Johnson-George, C., and Swap, W. C., "Measurement of Specific Interpersonal Trust: Construction and Validation of a Scale to Assess Trust in a Specific Other", *Journal of Personality and Social Psychology*, Vol. 43, No. 6, 1982.

Johnson, N. D., and Mislin, A. A., "Trust Games: A Meta-analysis",

Journal of Economic Psychology, Vol. 32, No. 5, 2011.

Jones, G. R., and George, J. M., "The Experience and Evolution of Trust: Implications for Cooperation and Teamwork", *Academy of Management Review*, Vol. 23, No. 3, 1998.

Joni, S. N., "The Geography of Trust", *Harvard Business Review*, Vol. 82, No. 8, 2004.

Kahn, K. B., and McDonough, E. F., "Marketing's Integration with RandD and Manufacturing: A Cross-Regional Analysis", *Journal of International Marketing*, Vol. 5, No. 1, 1997.

Kahn, W. A., "Psychological Conditions of Personal Engagement and Disengagement at Work", *Academy of Management Journal*, Vol. 33, No. 4, 1990.

Kaizuka, Y., and Groves, J. T., "Structure and Dynamics of Supported Intermembrane Junctions", *Biophysical Journal*, Vol. 86, No. 2, 2004.

Katz, J. S., and Hicks, D., "How much is a Collaboration Worth? A Calibrated Bibliometric Model", *Scientometrics*, Vol. 40, No. 3, 1997.

Kernis, M. H., and Reis, H. T., "Self-Consciousness, Self-Awareness, and Justice in Reward Allocation", *Journal of Personality*, Vol. 52, No. 1, 1984.

Kim, P. H., Dirks, K. T., Cooper, C. D., and Ferrin, D. L., "When More Blame is Better Than Less: The Implications of Internal vs. External Attributions for the Repair of Trust After a Competence-vs. Integrity-Based Trust Violation", *Organizational Behavior and Human Decision Processes*, Vol. 99, No. 1, 2006.

Kim, P. H., Ferrin, D. L., Cooper, C. D., and Dirks, K. T., "Removing the Shadow of Suspicion: The Effects of Apology Versus Denial for Repairing Competence-Versus Integrity-Based Trust Violations", *Journal of Applied Psychology*, Vol. 89, No. 1, 2004.

Kim, W., and Mauborgn, R., "Procedura Justice, Strategic Decision Making, and the Knowledge Economy", *Strategic Management Journal*,

Vol. 19, No. 4, 1998.

Knack, S., and Keefer, P., "Does Social Capital Have an Economic Pay Off? A Cross-country Investigation", *The Quarterly Journal of Economics*, Vol. 112, No. 4, 1997.

Konovsky, M. A., and Organ, D. W., "Dispositional and Contextual Determinants of Organizational Citizenship Behavior", *Journal of Organizational Behavior*, Vol. 17, No. 3, 1996.

Konovsky, M. A., and Pugh, S. D., "Citizenship Behavior and Social Exchange", *Academy of Management Journal*, Vol. 37, No. 3, 1994.

Koper, G., van Knippenberg, D., Bouhuijs, F., Vermunt, R., and Wilke, H. A. M., "Procedural Fairness and Self-Esteem", *European Journal of Social Psychology*, Vol. 23, No. 3, 1993.

Lanzetta, J. T., and Englis, B. G., "Expectations of Cooperation and Competition and Their Effects on Observers' Vicarious Emotional Responses", *Journal of Personality and Social Psychology*, Vol. 56, No. 4, 1989.

Lapalme, M. E., Stamper, C. L., Simard, G., and Tremblay, M., "Bringing the outside in: can "external" workers experience insider status?", *Journal of Organizational Behavior*, Vol. 30, No. 7, 2009.

Larzelere, R. E., and Huston, T. L., "The Dyadic Trust Scale: Toward Understanding Interpersonal Trust in Close Relationships", *Journal of Marriage and the Family*, Vol. 42, No. 3, 1980.

Laschinger, H. K. S., Finegan, J., and Shamian, J., "Promoting Nurses' Health: Effect of Empowerment on Job Strain and Work Satisfaction", *Nursing Economic*, Vol. 19, No. 2, 2001.

Lau, D. C., and Liden, R. C., "Antecedents of Coworker Trust: Leaders' Blessings", *Journal of Applied Psychology*, Vol. 93, No. 5, 2008.

Lau, D. C., Lam, L. W., and Wen, S. S., "Examining the Effects of Feeling Trusted by Supervisors in the Workplace: A Self-Evaluative Perspective", *Journal of Organizational Behavior*, Vol. 35, No. 1, 2014.

Lee, R. M., and Robbins, S. B., "Measuring belongingness: The Social

Connectedness and the Social Assurance Scales", *Journal of Counseling Psychology*, Vol. 42, No. 2, 1995.

Lee, T. W., and Mowday, R. T., "Voluntarily Leaving an Organization: An Empirical Investigation of Steers and Mowday's Model of Turnover", *Academy of Management Journal*, Vol. 30, No. 4, 1987.

Leifer, R., and Mills, P. K., "An Information Processing Approach for Deciding upon Control Strategies and Reducing Control Loss in Emerging Organizations", *Journal of Management*, Vol. 22, No. 1, 1996.

Lerner, M. J., "The Justice Motive in Human Relations", *The Justice Motive in Social Behavior*, Vol. 10, No. 1, 1981.

Lester, S. W., and Brower, H. H., "In the Eyes of the Beholder: The Relationship Between Subordinates' Felt Trustworthiness and their Work Attitudes and Behaviors", *Journal of Leadership and Organizational Studies*, Vol. 10, No. 2, 2003.

Leung, K., and Bond, M., "The Impact of Cultural Collectivism on Reward Allocation", *Journal of Personality and Social Psychology*, Vol. 47, No. 4, 1984.

Leung, K., "Some Determinants of Conflict Avoidance", *Journal of Cross-Cultural Psychology*, Vol. 19, No. 1, 1988.

Levine, J. M., Moreland, R. L., Hogg, M. A. and Tindale, S. ed., *Blackwell Handbook of Social Psychology: Group Processes*, Oxford, UK: Blackwell Press, 2008.

Lewis, J. D., and Weigert, A. J., "Social Atomism, Holism, and Trust", *Sociological Quarterly*, Vol. 26, No. 4, 1985.

Li, A. N., and Tan, H. H., "What Happens When You Trust Your Supervisor? Mediators of Individual Performance in Trust Relationships", *Journal of Organizational Behavior*, Vol. 34, No. 3, 2013.

Liao, H., Liu, D., and Loi, R., "Looking at Both Sides of the Social Exchange Coin: A Social Cognitive Perspective on the Joint Effects of Relationship Quality and Differentiation on Creativity", *Academy of Management*

Journal, Vol. 53, No. 5, 2010.

Liden, R. C., Erdogan, B., Wayne, S. J., and Sparrowe, R. T., "Leader-Member Exchange, Differentiation, and Task Interdependence: Implications for Individual and Group Performance", *Journal of Organizational Behavior*, Vol. 27, No. 6, 2006.

Liebeskind, J. P., and Oliver, A. L., *From Handshake to Contract: Intellectual Property, Trust and Social Structure of Academic Research, Trust within and between Organizations*, New York: Oxford University Press, 2002.

Li, H., and Atuahene-Gima, K., "The Impact of R & D and Marketing Interaction on New Product Performance: An Empirical Analysis of Chinese High Technology Firms", *International Journal of Technology Management*, Vol. 21, No. 1, 2001.

Locke, E., and Henne, D., "Work Motivation Theories in Cooper and Robert", *Internation Reviews of Industrial and Organizational Psychology*, Vol. 7, No. 1, 1986.

Loh, J., Smith, J. R., and Restubog, S. L. D., "The Role of Culture, Workgroup Membership, and Organizational Status on Cooperation and Trust: An Experimental Investigation", *Journal of Applied Social Psychology*, Vol. 40, No. 12, 2010.

Madhok, A., "Revisiting Multinational Firms' Tolerance for Joint Ventures: A Trust-Based Approach", *Journal of International Business Studies*, Vol. 26, No. 1, 1995.

Mahajan, J., Vakharia, A. J., Paul, P. and Chase R. B., "An Exploratory Investigation of the Interdependence Between Marketing and Operations Functions in Service Firms", *International Journal of Research in Marketing*, Vol. 11, No. 1, 1994.

Marcus, J., and Le, H., "Interactive Effects of Levels of Individualism-Collectivism on Cooperation: A Meta-Analysis", *Journal of Organizational Behavior*, Vol. 34, No. 6, 2013.

Markus, H. R., and Kitayama, S., "Culture and the Self: Implications for Cognition, Emotion, and Motivation", *Psychological Review*, Vol. 98, No. 2, 1991.

Marsh, H. W., Hau, K. T., Balla, J. R., and Grayson, D., "Is More Ever Too Much: The Number of Indictors Per Factor in Confirmatory Factor Analysis", *Multivariate Behavioral Research*, Vol. 33, No. 1, 1998.

Martins, N., "A Model for Managing Trust", *International Journal of Manpower*, Vol. 23, No. 8, 2002.

Masterson, S. S., Lewis, K., Goldman, B. M., and Taylor, M. S., "Integrating Justice and Social Exchange: The Differing Effects of Fair Procedures and Treatment on Work Relationships", *Academy of Management Journal*, Vol. 43, No. 4, 2000.

May, D. R., Gilson, R. L., and Harter, L. M., "The psychological Conditions of Meaningfulness, Safety and Availability and the Engagement of the Human Spirit at Work", *Journal of Occupational and Organizational Psychology*, Vol. 77, No. 1, 2004.

Mayer, R. C., Davis, J. H., and Schoorman, F. D., "An Integrative Model of Organizational Trust", *Academy of Management Review*, Vol. 20, No. 3, 1995.

McAllister, D. J., "Affect-and Cognition-Based Trust as Foundations for Interpersonal Cooperation in Organizations", *Academy of Management Journal*, Vol. 38, No. 1, 1995.

McFarlin, D. B., and Sweeney, P. D., "Distributive and Procedural Justice as Predictors of Satisfaction with Personal and Organizational Outcomes", *Academy of Management Journal*, Vol. 35, No. 3, 1992.

McGee, J. E., Dowling, M. J., and Megginson, W. L., "Cooperative Strategy and New Venture Performance: The Role of Business Strategy and Management Experience", *Strategy Management Journal*, Vol. 16, No. 7, 1995.

Mcknight, D., Cummings, L. L., and Chervany, N., "Initial Trust Formation in New Organizational Relationships", *Academy of Management Review*, Vol. 23, No. 3, 1998.

Mcknight, H. D., Chervany, N. L., Falcone R., Singh M., and Tan YH. ed., *Trust in Cyber-societies*, *Lecture Notes in Computer Science*. Berlin: Springer Press, 2001.

Michael, D. C., and Axelrod, R., "Coping with Complexity: The Adaptive Value of Changing Utility Coping with Complexity: The Adaptive Value of Changing Utility", *The American Economic Review*, Vol. 74, No. 1, 1984.

Milton, L. P., and Westphal, J. D., "Identity Confirmation Networks and Cooperation in Work Groups", *Academy of Management Journal*, Vol. 48, No. 2, 2005.

Mohr, J., and Spekman, R., "Characteristics of Partnership Success: Partnership Attributes, Communication Behavior and Conflict Resolution Techniques", *Strategic Management Journal*, Vol. 15, No. 2, 1994.

Moorman, C., Deshpande, R. and Zaltman, G., "Factors Affecting Trust in Market Research Relationships", *Journal of Marketing*, Vol. 57, No. 1, 1993.

Morgan, R. M., and Hunt, S. D., "The Commitment-Trust Theory of Relationship Marketing", *Journal of Marketing*, Vol. 58, No. 3, 1994.

Morrison, E. W., and Robinson, S. L., "When Employees Feel Betrayed: A Model of How Psychological Contract Violation Develops", *Academy of Management Review*, Vol. 22, No. 1, 1997.

Morris, S. A., Marshall, T. E., and Rainer, K. R., "Impact of User Satisfaction and Trust on Virtual Team Members", *Information Resources Management Journal*, Vol. 15, No. 2, 2002.

Muchinsky, P. M., and Morrow, P. C., "A Multidisciplinary Model of Voluntary Employee Turnover", *Journal of Vocational Behavior*, Vol. 17, No. 3, 1980.

Mulder, L. B., van Dijk, E., De Cremer, D., and Wilke, A. M.,

"Undermining Trust and Cooperation: The Paradox of Sanctioning Systems in Social Dilemmas", *Journal of Experimental Social Psychology*, Vol. 42, No. 2, 2006.

Mulki, J. P., Jaramillo, F., and Locander, W. B., "Effects of Ethical Climate and Supervisory Trust on Salesperson's Job Attitudes and Intentions to Quit", *Journal of Personal Selling and Sales Management*, Vol. 26, No. 1, 2006.

Murnighan, J. K., Kim, J. W., and Metzger A. R., "The Volunteer Dilemma", *Administrative Science Quarterly*, Vol. 38, No. 4, 1993.

Neininger, A., Lehmann-Willenbrock, N., Kauffeld, S., and Henschel, A., "Effects of Team and Organizational Commitment-A Longitudinal Study", *Journal of Vocational Behavior*, Vol. 76, No. 3, 2010.

Nelson, K. M., and Cooprider, J. G., "The Contribution of Shared Knowledge to is Group Performance", *MIS Quarterly*, Vol. 20, No. 4, 1996.

Ng, T. H., and Feldman, D. C., "Affective Organizational Commitment and Citizenship Behavior: Linear and Non-Linear Moderating Effects of Organizational Tenure", *Journal of Vocational Behavior*, Vol. 79, No. 2, 2011.

Nyhan, R. C., and Marlowe, H. A., "Development and Psychometric Properties of the Organizational Trust Inventory", *Evaluation Review*, Vol. 21, No. 5, 1997.

Oberfield, Z. W., "Public Management in Time: A Longitudinal Examination of the Full Range of Leadership Theory", *Journal of Public Administration Research and Theory*, Vol. 24, No. 2, 2014.

Paillé, P., Bourdeau, L., and Galois, I., "Support, Trust, Satisfaction, Intent to Leave and Citizenship at Organizational Level", *International Journal of Organizational Analysis*, Vol. 18, No. 1, 2010.

Parkhe, A., "Strategic Alliances Structuring: A Game Theoretic and Transanction Cost Examination of Interfirm Coomperation", *Academy of Management Journal*, Vol. 36, No. 4, 1993.

Parks, C. D., Henager, R. F., and Scamahorn, S. D., "Trust and Reactions to Messages of Intent in Social Dilemmas", *Journal of Conflict Resolution*, Vol. 40, No. 1, 1996.

Peterson, R. S., and Behfar, K. J., "The Dynamic Relationship between Performance Feedback, Trust, and Conflict in Groups: A Longitudinal Study", *Organizational Behavior and Human Decision Processes*, Vol. 92, No. 1, 2003.

Pillai, R., Schriesheim, C. A., and Williams E. S., "Fairness Perceptions and Trust as Mediators for Transformational and Transactional Leadership: A Two-Sample Study", *Journal of Management*, Vol. 25, No. 6, 1999.

Pilluda, M. M., and Chen, X., "Social Norms and Cooperation in Social Dilemmas: The Effects of Context and Feedback", *Organizational Behavior and Human Decisions Processes*, Vol. 78, No. 2, 1999.

Pillutla, M. M., and Chen, X. P., "Social Norms and Cooperation in Social Dilemmas: The Effects of Context and Feedback", *Organizational Behavior and Human Decision Processes*, Vol. 78, No. 2, 1999.

Podsakoff, P. M., MacKenzie, S. B., Moorman, R. H., and Fetter, R., "Transformational Leader Behaviors and Their Effects on Followers' Trust in Leader, Satisfaction, and Organizational Citizenship Behaviors", *The Leadership Quarterly*, Vol. 1, No. 2, 1990.

Porter, T. W., and Lilly, B. S., "The Effects of Conflict, Trust, and Task Commitment on Project Team Performance", *International Journal of Conflict Management*, Vol. 7, No. 4, 1996.

Probst, T., Carnevale, P. J., and Triandis, H. C., "Cultural Values in Intergroup and Single-Group Social Dilemmas", *Organizational Behavior and Human Decision Processes*, Vol. 77, No. 3, 1999.

Rahim, M. A., "Empirical Studies on Managing Conflict", *International Journal of Conflict Management*, Vol. 11, No. 1, 2000.

Rasoolimanesh, S. M., Jaafar, M., Kock, N., and Ramayah, T. A.,

"Revised Framework of Social Exchange Theory to Investigate the Factors Influencing Residents' Perceptions", *Tourism Management Perspectives*, Vol. 16, No. 1, 2015.

Robinson, S. L., and Rousseau, D. M., "Violating the Psychological Contract: Not the Exception but the Norm", *Journal of Organizational Behavior*, Vol. 15, No. 3, 1994.

Robinson, S. L., Kraatz, M. S., and Rousseau, D. M., "Changing Obligations and the Psychological Contract: A Longitudinal Study", *Academy of Management Journal*, Vol. 37, No. 1, 1994.

Robinson, S. L., "Trust and Breach of the Psychological Contract", *Administrative Science Quarterly*, Vol. 41, No. 4, 1996.

Rousseau, D. M., "New Hire Perceptions of their Own and their Employer's Obligations: A Study of Psychological Contracts", *Journal of Organizational Behavior*, Vol. 11, No. 5, 1990.

Rousseau, D. M., Sitkin, S. B., Burt, R. S, and Camerer, C., "Introduction to Special Topic Forum: Not So Different After All: A Cross-Discipline View of Trust", *Academy of Management Review*, Vol. 23, No. 3, 1998.

Roussin, C. J., *The Influence of Experiential Grounding on Attributions of Initial Trustworthiness at Work*, Boston: Boston College Press, 2008.

Sabel, C. F., "Studied Trust: Building New Forms of Cooperation in a Volatile Economy", *Human Relations*, Vol. 46, No. 9, 1993.

Sako, M., and Helper, S., "Determinants of Trust in Supplier Relations: Evidence from the Automotive Industry in Japan and the United States", *Journal of Economic Behavior and Organization*, Vol. 34, No. 3, 1998.

Salamon, S. D., and Robinson, S. L., "Trust that Binds: The Impact of Collective Felt Trust on Organizational Performance", *Journal of Applied Psychology*, Vol. 93, No. 3, 2008.

Samuelson, C. D., "A Multiattribute Evaluation Approach to Structural Change in Resource Dilemmas", *Organizational Behavior and Human Deci-*

sion Processes, Vol. 55, No. 2, 1993.

Sapienza, H. J., and Korsgaard, M., "The Role of Procedural Justice in Entrepreneur Venture Capital Relations", *Academy of Management Journal*, Vol. 39, No. 1, 1996.

Schaubroeck, J., Lam, S. S. K., and Peng, A. C., "Cognition-Based and Affect-Based Trust as Mediators of Leader Behavior Influences on Team Performance", *Journal of Applied Psychology*, Vol. 96, No. 4, 2011.

Schoorman, F. D., Mayer, R. C., and Davis, J. H., "An Integrative Model of Organizational Trust: Past, Present, and Future", *Academy of Management Review*, Vol. 32, No. 2, 2007.

Schweitzer, M. E., Brodt, S. E., and Croson, R. T., "Seeing and Believing: Visual Access and the Strategic Use of Deception", *International Journal of Conflict Management*, Vol. 13, No. 3, 2002.

Schweitzer, M. E., Hershey, J. C., and Bradlow, E. T., "Promises and Lies: Restoring Violated Trust", *Organizational Behavior and Human Decision Processes*, Vol. 101, No. 1, 2006.

Senge, P., "Sharing Knowledge: The Leader's Role is Key to a Learning Culture", *Executive Excellence*, Vol. 14, No. 11, 1997.

Shamdasani, P. N. and Sheth, J. N., "An Experimental Approach to Investigating Satisfaction and Continuity in Marketing Alliances", *European Journal of Marketing*, Vol. 29, No. 4, 1995.

Shamir, B., House, R. J., and Arthur, M. B., "The Motivational Effects of Charismatic Leadership: A Self-Concept Based Theory", *Organization Science*, Vol. 4, No. 4, 1993.

Shaw, V., Shaw, C. T., and Enke, M., "Conflict between Engineers and Marketers: The Experience of German Engineers", *Industrial Marketing Management*, Vol. 32, No. 6, 2003.

Sheppard, B. H., Lewicki, R. J., and Minton, J. W., "Organizational justice: The Search for Fairness in the Workplace", *Administrative Science Quarterly*, Vol. 39, No. 4, 1994.

Sheth, J. N., and Parvatiyar, A., "The Evolution of Relationship Marketing", *International Business Review*, Vol. 4, No. 4, 1995.

Siguaw, J. A., Simpson, P. M., and Baker, T. L., "Effects of Supplier Market Orientation on Distributor Market Orientation and the Channel Relationship: The Distributor Perspective", *Journal of Marketing*, Vol. 63, No. 3, 1998.

Smith, K. G., Carroll, S. J., and Ashford, S. J., "Intra-and Interorganizational Cooperation: Toward a Research Agenda", *Academy of Management Journal*, Vol. 38, No. 1, 1995.

Smith T. W., Pope, M. K., Sanders, J. D., Allred, K. D. and O' Keffe, J. L., "Cynical Hostility at Home and Work: Psychosocial Vulnerability Across Domains", *Journal of Research in Personality*, Vol. 22, No. 4, 1988.

Song, X. M., and Parry, M. E., "How the Japanese Manage the R & D-marketing Interface", *Research-Technology Management*, Vol. 36, No. 4, 1993.

Sousa-Lima, M., Michel, J. W., and Caetano, A., "Clarifying the Importance of Trust in Organizations as a Component of Effective Work Relationships", *Journal of Applied Social Psychology*, Vol. 43, No. 2, 2013.

Sousa-Lima, M., Michel, J. W., António, C, "Clarifying the Importance of Trust in Organizations as a Component of Effective Work Relationships", *Journal of Applied Social Psychology*, Vol. 43, No. 2, 2013.

Srivastava, A., Bartol, K. M., and Locke, E. A., "Empowering Leadership in Management Teams: Effects on Knowledge Sharing, Efficacy, and Performance", *Academy of Management Journal*, Vol. 49, No. 6, 2006.

Stanne, M. B., Johnson, D. W., and Johnson, R. T., "Does Competition Enhance or Inhibit Motor Performance: A meta-analysis", *Psychological Bulletin*, Vol. 125, No. 1, 1999.

Stapel, D. A., and Koomen, W., "Competition, Cooperation, and the Effects of Others on Me", *Journal of Personality and Social Psychology*,

Vol. 88, No. 6, 2005.

Stapel, D. A., and Koomen, W., "I, We, and the Effects of Others on Me: How Self-Construal Level Moderates Social Comparison Effects", *Journal of Personality and Social Psychology*, Vol. 80, No. 5, 2001.

Stapel, D. A., and Koomen, W., "The Impact of Interpretation versus Comparison Mindsets on Knowledge Accessibility Effects", *Journal of Experimental Social Psychology*, Vol. 37, No. 2, 2001.

Steinel, W., and De Dreu, C. K., "Social Motives and Strategic Misrepresentation in Social Decision Making", *Journal of Personality and Social Psychology*, Vol. 86, No. 3, 2004.

Tan, H. H., and Tan, C. S., "Toward the Differentiation of Trust in Supervisor and Trust in Organization", *Social and General Psychology Monographs*, Vol. 126, No. 2, 2000.

Tauer, J. M., and Harackiewicz, J. M., "The Effects of Cooperation and Competition on Intrinsic Motivation and Performance", *Journal of Personality and Social Psychology*, Vol. 86, No. 6, 2004.

Tenbrunsel, A. E., and Messick, D. M., "Sanctioning Systems, Decision Frames, and Cooperation", *Administrative Science Quarterly*, Vol. 44, No. 4, 1999.

Tepper, B. J., Consequences of Abusive Supervision. *Academy of Management Journal*, Vol 43, No. 2, 2000.

Thomas, K. W., and Velthouse, B. A., "Cognitive Elements of Empowerment: An 'Interpretive' Model of Intrinsic Task Motivation", *Academy of Management Review*, Vol. 15, No. 4, 1990.

Tsai, W., and Ghoshal, S., "Social Capital and Value Creation: The Role of Intrafirm Networks", *Academy of Management Journal*, Vol. 41 No. 4, 1998.

Tyler, T. R., and Degoey, P., "Collective Restraint in Social Dilemmas: Procedural Justice and Social Identification Effects on Support for Authorities", *Journal of Personality and Social Psychology*, Vol. 69, No. 3,

1995.

Tyler, T. R., and Lind, E. A., " A Relational Model Authority in Groups ", *Advances in Experimental Social Psychology*, Vol. 25, No. 1, 1992.

Tyler, T. R., " Why People Cooperate with Organizations: An Identity-Based Perspective ", *Research in Organizational Behavior*, Vol. 21, No. 1, 1999.

Tzieropoulos, H., " The Trust Game in Neuroscience: A Short Review", *Social Neuroscience*, Vol. 8 No. 5, 2013.

Vancouver, J. B., and Ilgen, D. R., " Effects of Interpersonal Orientation and the Sex-Type of the Task on Choosing to Work Alone or in Groups", *Journal of Applied Psychology*, Vol. 74, No. 6, 1989.

Van Vugt, M., and De Cremer, D., " Leadership in Social Dilemmas: "The Effects of Group Identification on Collective Actions to Provide Public Goods", *Journal of Personality and Social Psychology*, Vol. 76, No. 4, 1999.

Wagner, J. A., "Studies of Individualism-Collectivism: Effects on Cooperation in Groups ", *Academy of Management Journal*, Vol. 38, No. 1, 1995.

Weldon, E., and Mustari, E. L., " Felt Dispensability in Groups of Coactors: The Effects of Shared Responsibility and Explicit Anonymity on Cognitive Effort", *Organizational Behavior and Human Decision Processes*, Vol. 41, No. 3, 1988.

Whitener, E. M., Brodt, S. E., Korsgaard, M. A. and Werner, J. M., "Managers as Initiators of Trust: An Exchange Relationship Framework for Understanding Managerial Trustworthy Behavior", *Academy of Management Review*, Vol. 23, No. 3, 1998.

Wu, M. A, Huang, X., Li, C., and Liu, W., "Perceived Interactional Justice and Trust-In-Supervisor as Mediators for Paternalistic Leadership", *Management and Organization Review*, Vol. 8, No. 1, 2012.

Xia, L. X. , Gao, X. , Wang, Q. , and Hollon, S. D. , "The Relations between Interpersonal Self-Support Traits and Emotion Regulation Strategies: A Longitudinal Study", *Journal of Adolescence*, Vol. 37, No. 6, 2014.

Yakovleva, M. , Reilly, R. R, and Werko, R. , "Why do We Trust? Moving beyond Individual to Dyadic Perceptions", *Journal of Applied Psychology*, Vol. 95, No. 1, 2010.

Yang, C. , "Does Ethical Leadership Lead to Happy Workers? A Study on the Impact of Ethical Leadership, Subjective Well-Being, and Life Happiness in the Chinese Culture", *Journal of Business Ethics*, Vol. 123, No. 3, 2014.

. Zaheer, S. , and Zaheer, A. , "Trust Across Borders", *Journal of International Business Studies*, Vol. 37, No. 1, 2006.

Zak, P. J. , and Knack, S. , "Trust and Growth", *The Economic Journal*, Vol. 111, No. 470, 2001.

Zhu, W. , May, D. R. , and Avolio, B. J. , "The Impact of Ethical Leadership Behavior on Employee Outcomes: The Roles of Psychological Empowerment and Authenticity", *Journal of Leadership and Organizational Studies*, Vol. 11, No. 1, 2004.

Zhu, Y. , and Akhtar, S. , "How Transformational Leadership Influences Follower Helping Behavior: The Role of Trust and Prosocial Motivation", *Journal of Organizational Behavior*, Vol. 35, No. 3, 2014.

附　　录

跨部门的信任与合作
调查问卷

亲爱的朋友：

您好！

这是一份学术问卷，旨在了解跨部门的信任与合作关系。本次调查采取不记名的方式进行，所有资料仅供整体统计分析之用，不涉及商业机密，请您放心答题，并请在收到问卷后将答好题的此份问卷通过电子邮件（本人的邮箱：×××@126. com）的方式寄回。

敬祝

万事如意，工作顺利！

填写说明

1. 如果您在单位的研发部，请您针对营销部填写您的真实感受；如果您在单位的营销部，请您针对研发部填写您的真实感受。

2. 每个题项中从非常不同意到非常同意，请您用“√”选择一个最符合您在一般情形下所持有的最直接的观念、感觉或行为的选项。

3. 请根据您在一般情形下所持有的最直接的观念、感觉或行为来作答，不需要考虑太久。这不是测验，与个人的价值标准无关，没有标准答案。

4. 您填写的信息对本研究极其重要，请您将所有题目答完。

第一部分：

请您仔细阅读以下有关跨部门信任的题目，并在选项中勾出最能代表您对研发部/营销部的评价。

序号	题项内容	非常不同意	不同意	比较不同意	一般	比较同意	同意	非常同意
1	我们对彼此部门的工作能力怀有充分的信心	1	2	3	4	5	6	7
2	对方部门有能力完成组织安排的任务	1	2	3	4	5	6	7
3	对方部门有能力完成他们承诺所要做的	1	2	3	4	5	6	7
4	对方部门明白在他们试着去做的事情上将会成功	1	2	3	4	5	6	7
5	对方部门会在我们部门需要时提供支持和协助	1	2	3	4	5	6	7
6	对方部门会随时将大家的共同利益放在心上	1	2	3	4	5	6	7
7	对方部门不会做出有损其他部门的事	1	2	3	4	5	6	7
8	对方部门会体谅我们部门工作中的难处，并在合理的范围内能够给予考虑	1	2	3	4	5	6	7
9	在和对方部门沟通时，可以很轻易地分享彼此的感觉、想法	1	2	3	4	5	6	7
10	对方部门会为我们部门提供有用信息	1	2	3	4	5	6	7
11	当我们提出工作中所遇到的问题时，对方部门可以很快速地做出回应	1	2	3	4	5	6	7
12	对方部门通常会以诚恳的态度去面对我们部门所提出的建议	1	2	3	4	5	6	7

请您仔细阅读以下有关跨部门合作的题目，并在选项中勾出最能代表您对研发部/营销部的评价。

序号	题项内容	非常不同意	不同意	比较不同意	一般	比较同意	同意	非常同意
13	部门之间能够很好地达成组织目标	1	2	3	4	5	6	7
14	部门之间对相互合作有着共同的看法	1	2	3	4	5	6	7

续表

序号	题项内容	非常不同意	不同意	比较不同意	一般	比较同意	同意	非常同意
15	部门之间的合作对双方都是有利的	1	2	3	4	5	6	7
16	部门之间的合作是成功的	1	2	3	4	5	6	7
17	我们部门彼此是很好的合作对象	1	2	3	4	5	6	7
18	对于部门之间合作的结果，我们感到满意	1	2	3	4	5	6	7
19	我们很满意部门之间的合作关系	1	2	3	4	5	6	7

第二部分：

请您在下面的选项中，勾出最符合真实的信息。

20. 您所在单位的产权性质（　）

①国有企业；②集体企业；③民营企业；④外资企业；⑤股份制企业

21. 您所在单位的规模（　）

①50 人以下；②50—300 人；③300—2000 人；④2000 人以上

22. 您所在单位的产业类型（　）

①电子信息产业；②生物工程与制药业；③新材料产业；④先进制造业；⑤航空航天业；⑥其他

23. 我部门主管与研发部/营销部主管的性别相同（　）

①是；②否

24. 我部门主管与研发部/营销部主管有着类似的兴趣和爱好（　）

①是；②否

25. 我部门主管与研发部/营销部主管对单位重大事件的看法基本一致（　）

①是；②否

（本问卷到此结束，感谢您的支持和帮助）

组织信任与工作满意度
调查问卷（第1次）

尊敬的先生/女士：

您好！衷心感谢您参与我们的问卷调查，这次调查旨在了解员工管理行为的影响因素与影响效果。我们向您郑重承诺：

本问卷不涉及商业机密或个人隐私，无需署名，答案无对错之分，所有数据仅以汇总形式出现，不会对您的生活和工作造成任何不利影响。研究结果的可信度取决于您对本次调查的配合，请在填写时细心阅读各项问题，真实地表达感受。

最后，再次对您的参与及帮助表示衷心的感谢！

第一部分：

1. 您的性别（　）

①男；②女

2. 您的年龄（　）

①25岁以下；②25—30岁；③30—35岁；④35—45岁；⑤45岁以上

3. 您所在单位的产权类型（　）

①国有企业；②集体企业；③民营企业；④外资企业；⑤股份制企业

4. 您所在单位的规模（　）

①10人以下；②10—50人；③50—300人；④300—2000人；⑤2000人以上

第二部分：

请您仔细阅读以下有关组织信任的题目，并在选项中勾出最能代表您的评价。

序号	题项内容	非常不同意	不同意	比较不同意	一般	比较同意	同意	非常同意
1	我相信领导在他/她的工作中具有专业能力	1	2	3	4	5	6	7
2	我认为领导会经过深思熟虑做出工作决定	1	2	3	4	5	6	7
3	我相信领导能完成工作任务	1	2	3	4	5	6	7
4	我认为领导对他/她的工作具有很好的理解	1	2	3	4	5	6	7
5	我相信领导能以一种可接受的方式完成他/她的工作	1	2	3	4	5	6	7
6	我觉得领导告诉我的事情都是可以信赖的	1	2	3	4	5	6	7
7	我相信领导能把工作做好而不引起其他问题	1	2	3	4	5	6	7
8	我相信领导在工作中会认真思考	1	2	3	4	5	6	7
9	我相信组织会公平地对待我	1	2	3	4	5	6	7
10	在组织中领导和员工之间的信任度很高	1	2	3	4	5	6	7
11	我认为公司同事之间的信任度很高	1	2	3	4	5	6	7
12	我们在组织中的依赖程度很高	1	2	3	4	5	6	7

请您仔细阅读以下有关组织公平的题目，并在选项中勾出最能代表您的评价。

序号	题项内容	非常不同意	不同意	比较不同意	一般	比较同意	同意	非常同意
13	分配结果反映了我在工作中付出的努力	1	2	3	4	5	6	7
14	分配结果与我所完成的工作相匹配	1	2	3	4	5	6	7
15	分配结果反映了我对公司的贡献	1	2	3	4	5	6	7
16	考虑到我的工作表现，分配结果是合理的	1	2	3	4	5	6	7
17	在程序执行的过程中，我能表达自己的观点和感受	1	2	3	4	5	6	7
18	我能影响那些程序所产生的结果	1	2	3	4	5	6	7
19	程序的执行具有一致性	1	2	3	4	5	6	7
20	我对这些程序没有偏见	1	2	3	4	5	6	7

续表

序号	题项内容	非常不同意	不同意	比较不同意	一般	比较同意	同意	非常同意
21	程序是基于准确的信息进行的	1	2	3	4	5	6	7
22	我对这些程序所产生的结果向上级提出过反馈	1	2	3	4	5	6	7
23	这些程序符合伦理和道德标准	1	2	3	4	5	6	7

（本次问卷调查分两轮，第一次到此结束，感谢您的支持和帮助）

组织信任与工作满意度调查问卷（第2次）

尊敬的先生/女士：

您好！衷心感谢您参与我们的问卷调查，这次调查旨在了解员工管理行为的影响因素与影响效果。我们向您郑重承诺：

本问卷不涉及商业机密或个人隐私，无需署名，答案无对错之分，所有数据仅以汇总形式出现，不会对您的生活和工作造成任何不利影响。研究结果的可信度取决于您对本次调查的配合，请在填写时细心阅读各项问题，真实地表达感受。

最后，再次对您的参与及帮助表示衷心的感谢！

请您仔细阅读以下有关工作满意度的题目，并在选项中勾出最能代表您的评价。

序号	题项内容	非常不同意	不同意	比较不同意	一般	比较同意	同意	非常同意
1	我热衷于现在的工作	1	2	3	4	5	6	7

续表

序号	题项内容	非常不同意	不同意	比较不同意	一般	比较同意	同意	非常同意
2	我对现在的工作相当的满意	1	2	3	4	5	6	7
3	我对现在的工作相当的享受	1	2	3	4	5	6	7

（本次问卷调查分两轮，第二次到此结束，感谢您的支持和帮助）